TURING 沃尔弗拉姆作品集

U0734174

科技星群闪耀时

IDEA MAKERS

15个创新传奇

Personal Perspectives
on the
Lives & Ideas of Some Notable People

[美] 斯蒂芬·沃尔弗拉姆（Stephen Wolfram）—— 著

应俊耀　蔚怡 —— 译

人民邮电出版社

北　京

图书在版编目（CIP）数据

科技群星闪耀时：15 个创新传奇 / （美）斯蒂芬·
沃尔弗拉姆（Stephen Wolfram）著；应俊耀，蔚怡译.
北京：人民邮电出版社，2024. -- （沃尔弗拉姆作品集）.
ISBN 978-7-115-64867-9

Ⅰ. K816.1

中国国家版本馆 CIP 数据核字第 2024XB7917 号

内 容 提 要

  本书是当代杰出的创新者斯蒂芬·沃尔弗拉姆为数学、物理学和计算科学史上的"群星"撰写的传记。从与自己有过亲身交流的费曼和乔布斯，到莱布尼茨、罗素、哥德尔、拉马努金、图灵、明斯基等科学技术巨匠，沃尔弗拉姆将这些人物的故事与自己的经历和见解相结合，探讨了推动创新的伟大思想背后的动力，解读了科学进步的内在规律。本书以引人入胜的叙述带领读者进入这些伟大创新者的思想世界和生活轨迹，展示了他们如何释放想象力与创造力，将之转化为实际的生产力。这些故事不仅为读者提供了丰富的思想启发，也为后世的科学研究与创新留下了宝贵的精神财富。

  本书适合对科学人物和历史、数学、物理学、计算机科学感兴趣的大众读者阅读。

◆ 著　　　　[美] 斯蒂芬·沃尔弗拉姆（Stephen Wolfram）
  译　　　　应俊耀　蔚　怡
  责任编辑　戴　童
  责任印制　胡　南

◆ 人民邮电出版社出版发行　　北京市丰台区成寿寺路 11 号
  邮编 100164　电子邮件 315@ptpress.com.cn
  网址 https://www.ptpress.com.cn
  固安县铭成印刷有限公司印刷

◆ 开本：880×1230　1/32
  印张：9　　　　　　　　　2024 年 8 月第 1 版
  字数：193 千字　　　　　　2024 年 10 月河北第 3 次印刷
  著作权合同登记号　图字：01-2023-4202 号

定价：69.80 元
读者服务热线：(010)84084456-6009　印装质量热线：(010)81055316
反盗版热线：(010)81055315
广告经营许可证：京东市监广登字 20170147 号

版权声明

Idea Makers © 2016 Stephen Wolfram. Original English language edition published by Wolfram Media, 100 Trade Center Drive, 6th Floor, Champaign Illinois 61820, USA. Arranged via Licensor's Agent: DropCap Inc. All rights reserved.

Simplified Chinese Edition © 2024 by Posts & Telecom Press Co., LTD.

本书简体中文版由 Wolfram Media 授权人民邮电出版社独家出版。版权所有，未经书面许可，本书的任何部分或全部不得以任何形式重制。

前　言

　　我这辈子的大部分时间，都在致力于用科学和技术创造未来。但我个人的另外两大兴趣是历史与人类。这本书就是我专注于此而写下的文章合集。合集里所有的文章都是从我个人的角度对他人的生平事迹、他们所创造的思想理念的描绘。

　　我写过不同的文章，原因各不相同：有时是为了一个历史纪念日，有时是因为一件新闻时事，而有时则是因为某人刚刚不幸离世。我所写的人物在时间轴上跨越了三个世纪，有举世闻名的，也有鲜为人知的。他们所有人的兴趣，都或多或少在某方面跟我的爱好有所交集。但最终呈现的名单是兼收并蓄的，这也让我有机会探究各种不同的人生和思想。

　　我年轻的时候还真不怎么关注历史。但随着时间的流逝，我目睹了许多不同事物的发展，逐渐对历史产生了浓厚的兴趣，也越来越想知道历史能告诉我们的事物运作模式。我也认识到，像许多其他领域一样，解读历史的真相与路径是一个引人入胜的思想过程。

　　有一种刻板印象是，专注于科学技术的人是不会对人感兴趣的。但我不是那样的人，我一直以来都对人很感兴趣。我很幸运能在这一生当中认识很多形形色色的人。在过去的三十年里，随着公司不断发展壮大，我有幸与许多优秀的人共事。我总是乐于提供帮助，给出建议。我也很着迷于观察人们的生活轨迹，看看人们最终是如何把事情完成的。

在过去的半个世纪里，能见证这么多人的人生轨迹，着实让我受益匪浅。在这本书里，我写了其中几位人物。我也很有兴趣去探知距今更为久远的人物。我通常对故事的结局（他们的作品和思想）了解得更多，但我发现，去了解这些作品和思想是如何形成的，以及他们的生活轨迹如何造就了他们的成果，也是一件令人着迷的事情。

我的兴趣有一方面纯粹是智力上的追求，但也有一方面更为实际——也许是更为自私。我能从历史事件中学到些什么？我现在参与的事情会有怎样的结果？我如何将过去的人物作为我现在所认识的人的榜样？我又能从这些人的生平中学到些什么？

需要澄清的是，这本书并不是对历史上伟大的思想家和创造者进行系统分析的作品。它只是一本兼收并蓄的文集，刻画了出于某种原因，对我来说有话题可写的特殊人物。我试图从每个人所处的历史背景出发，勾勒他们的人生轨迹，描述他们的思想观念，并尝试将他们的观念与我自己的思想和最新的科学技术关联起来。

在撰写这些文章的过程中，我进行了大量的原创性研究。当这些文章涉及我个人所认识的人物时，我能从与他们的交往当中，也能从我个人所收集的文档中获取资料。至于其他人，我则尝试着尽可能去寻找那些了解他们的人。对于每一个案例，我都尽力找到原始档案和其他第一手资料。许多个人和机构都非常乐于提供帮助。当然，现在很多历史文档被扫描后放在了网络上，这一点也给我提供了相当大的帮助。

尽管有了以上助力，我还是不断被从事历史研究的艰辛打击。不知道怎么回事，经常会出现一直被人们重复的故事或分析，而其中有些内容我不太认同，所以我开始深入挖掘，试图找出真相。有时候，没人能说清楚到底是怎么一回事，但至少在这本书里，关于我写的这些人物通常都有足够的记录和文档，或者有真人可访谈。这样，最终总是能找出真相的。

我的策略是根据我已有的、在某些方面和我研究的对象及所处环境相似的知识基础，不断挖掘或获取信息，直到我认为能解释得通。在我自己的人生中，我见证了多年来各种思想以及其他事物的发展过程，这无疑对我有所帮助，让我对事物的发展运作方式产生了一些直觉。而其中一个重要的教训则是，无论一个人有多么聪明，每一个想法都是一些进展或路径的结果，它们往往都是来之不易的。如果故事中出现跳跃，缺少某个环节，那只是因为还没有弄清楚这件事。我总是尝试着继续写下去，直到不再有任何疑问，直到发生的每件事在我自己的经历中都是合乎情理的。

那么，在追踪了不少名人的生平之后，我学到了些什么呢？或许最显而易见的收获是，他们所拥有的严肃想法总是与其生活轨迹深深交织在一起。这并不是说人们总是生活在他们所创造的范式中，事实往往截然相反，他们的生活通常不是这样的。但是，想法总是从人们所生活的背景中产生的。事实上，大多数情况下，人们发现自己处于一个非常现实的环境中，导致他们创造出一些强大的、崭新的、抽象的想法。

　　在书写历史的时候，人们通常只会说某某人提出了这样或那样的思想。但历史远不止这些，它的背后总有一个关于人的故事。有时，这个故事有助于阐明抽象的思想。但更多的时候，它让我们洞见了如何将某个人类处境或现实问题转化为某些思想上的东西，也许这些东西在其创造者去世后仍将以抽象的形式延续下去。

　　这本书是我第一次系统地收集我所写的关于人物的文章。我通常在其他一些地方写关于历史的文章，例如在我 2002 年出版的《一种新科学》（*A New Kind of Science*）一书的后面，有大约 100 页详细的历史注释。我碰巧在很年轻的时候就开始了自己的职业生涯，所以我早期的同事们往往比我年长很多，按照自然规律，我可能要写很多讣告。但不知何故，当我回顾一个伟大的人是如何为代表我们文明及其成就的这座伟大的高塔添砖加瓦时，我总是感慨万千。

　　我希望自己能够亲自认识我在这本书中所写的所有人物。但对于那些早已逝去的人，能读到他们写下的这么多文献，并以某种方式走进并了解他们的生活，让我觉得这也是一个不错的选择。我个人最大的激情仍然是致力于努力建设未来。但我希望，通过了解过去，我能做得更好一点，也许能帮助我们在更明智、更坚实的基础上建设未来。不过，就目前而言，我只是很高兴能够花一点时间研究一些杰出的人物以及他们非凡的生活，我希望我们都能从他们的身上学到一些东西。

斯蒂芬·沃尔弗拉姆

目 录

118　第 7 章
戈特弗里德·莱布尼茨

147　第 8 章
伯努瓦·芒德布罗

152　第 9 章
史蒂夫·乔布斯

158　第 10 章
马文·明斯基

238

第 15 章

所罗门·戈洛姆

关于本书中图片翻译的说明

　　本书将一些文献的图片作为插图，中文版仅翻译其中内容较重要、对人物故事有补充说明意义的，其余仅作为图片参考，望读者谅解。

第1章

理查德·费曼 [①]

2005 年 4 月 20 日

我第一次遇见理查德·费曼（Richard Feynman）是在我 18 岁的时候，当时他 60 岁。我们认识十多年，我想自己对他还是相当了解的。初识费曼是我在美国加州理工学院（Caltech）物理小组的时候。后来，我们都曾为波士顿盛极一时的思维机器公司（Thinking Machines Corporation）提供咨询服务。

事实上，我从未在公开场合谈论过费曼。因为能讲的东西实在太多了，我都不知道从何说起。

但假如说有一个时刻可以概括理查德·费曼以及我和他之间关系的话，也许就是这个时刻了。大概是在 1982 年，我去了费曼家里，我们当时的谈话发展到了某种不愉快的地步。我正要离开，费曼拦住我说："你知道吗？你和我都很幸运。因为无论发生了什么，我们都还有物理学。"

费曼喜欢研究物理。我认为他最喜欢的是研究的过程、计算的过程、把事情弄清楚的过程。对他来说，结果是否重人，或者是否深奥和离奇，似乎都不那么重要。对他来说，重要的是寻找答案的过程。而他在这方面往往有很强的好胜心。

---

① 本文是我在费曼书信集出版之际所做的一次演讲。

　　某些科学家（可能也包括我自己）的驱动力来自建立宏伟知识大厦的野心。我认为费曼，至少在我认识他的那些年里，更多是被真正从事科学研究的纯粹乐趣所驱使的。他似乎最喜欢把时间花在弄清问题和计算上。他是一位伟大的计算者，也许是有史以来最棒的人工计算器。

　　下面是我文档里的一页，典型的费曼风格，内容是计算一个费曼图。

这看起来挺有意思。他的风格始终如一，通常只是使用常规的微积分之类的东西。这本质上就是 19 世纪的数学。他从不相信其他的东西。但如果要说有谁能做到这样计算的话，那就只有费曼，无出其右。

我一直觉得很不可思议。他会从某个问题开始，然后在几页纸上写满计算过程。最后，他真的会得到正确的答案！但他往往并不满足于此。一旦得到了答案，他就会回过头来，试图弄清楚为什么这是显而易见的。他经常会提出那种典型费曼式的、听起来简单合理的解释。他从不会告诉别人这背后所有的计算过程，有时候这对他来说有点儿像一个游戏：让人们被他看似瞬间产生的物理直觉震惊得目瞪口呆，却不知道实际上这些都来自他所做的一些漫长而艰难的计算。

他对自己计算的内部结构总是有一种奇妙的条理清晰的直觉。他知道某个积分应该有什么样的结果，某些特殊情况是否重要，等等。他一直在努力提升自己的直觉。

我记得有一次，肯定是 1985 年的夏天，当时我刚刚发现了一个叫作"规则 30"（rule 30）的东西。这可能是我一直以来最喜欢的科学发现了。正是这个发现开创了我花费 20 年时间构建的全新的科学（我将其写进了我的《一种新科学》一书）。

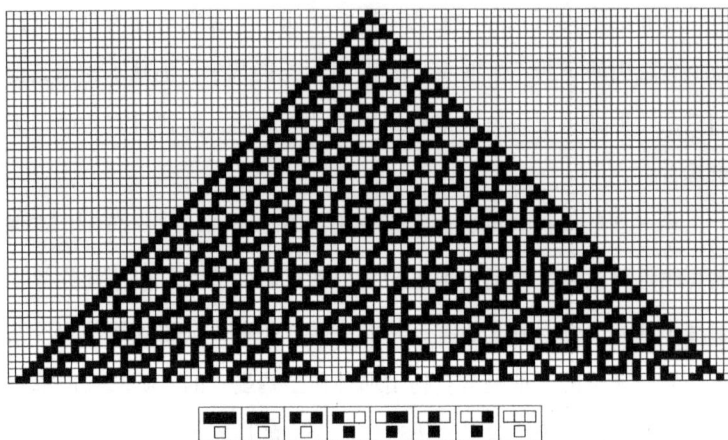

我和费曼当时都在波士顿访问。有一个下午，我们花了大部分时间讨论规则 30，讨论它是如何从顶部的那个黑色小方块变成这么复杂的东西的，以及这对物理学意味着什么，等等。

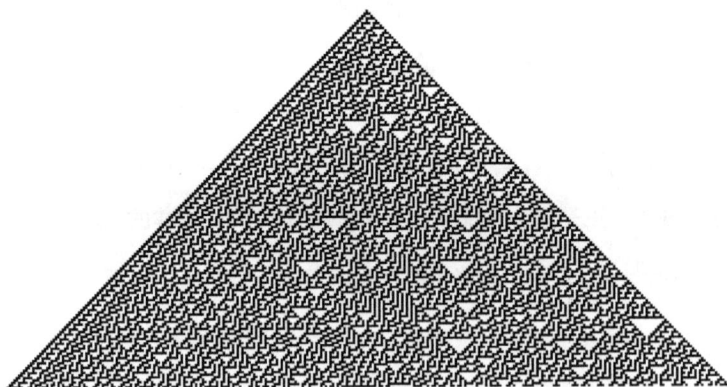

　　我们刚刚在其他人的帮助下，在地板上爬来爬去，试图用米尺把一幅规则 30 的巨型打印件上的一些特征测量出来。费曼把我叫到一边，神神秘秘地说："听着，我只想问你一件事，你是怎么知道规则 30 会产生如此疯狂的结果的？"我说："你了解我的，我并不知道。我只是让计算机尝试了所有可能的规则，然后我就发现了它。"他说："啊，现在我感觉好多了。我还担心你有什么办法能把它搞明白呢！"

　　我和费曼又聊了很多关于规则 30 的东西。他真的很想对它的工作原理有一个直观的认识。他试着用所有常用的工具来不断地测试它，比如他试图找出秩序与混沌之间的那条线的斜率是多少。他还计算了一下，用了他常用的微积分等。他和儿子卡尔（Carl）甚至花了大量时间试图用计算机来破解规则 30。

有一天他打电话给我说："好吧，沃尔弗拉姆，我破解不了。我觉得你说对了。"这句话令人非常振奋。

多年来，我与费曼在很多方面都尝试过合作。在人们还没听说过量子计算机时，我们就在这机器上合作过。我们尝试制造出一种能够生成完全物理随机性的芯片，或者得出这种芯片是无法制造出来的结论。我们还尝试评估费曼图所需的所有计算是否真的有必要。

我们也合作解决过关于统计力学中有 $e^{-\beta H}$ 和量子力学中有 $e^{iH t}$ 是否是巧合的问题。我们甚至还合作研究过量子力学中最简单的基本现象到底是什么的问题。

我记得当时我们都在波士顿为思维机器公司做咨询，费曼经常会说："我们躲起来做点物理学研究吧。"这就是一个典型的场景。是的，我以为没有人注意到，我们在一个关于新计算机系统的新闻发布会后台讨论着非线性的 σ 模型。通常，费曼会做一些计算，而我则不断地抗议说，我们应该直接去用计算机计算。我最终还是会那样做。然后我会得到一些结果，他也会得到一些结果，我们会争论谁对结果的直觉更胜一筹。

顺便提一下，费曼并非不喜欢计算机。他甚至费尽周折弄到了一台早期的 Commodore PET 个人计算机，也喜欢用它来做事。1979 年，当我开始研究 Mathematica 的前身时，他就很感兴趣。我们讨论了很多关于它应该如何工作的问题。他热衷于解释他解决问题的方法：做积分的方法、做标记的方法、组织工作的方法。我甚至设法让他对语言设计的问题产生了一点兴趣。尽管我不认为有什么直接来自费曼的东西在 Mathematica 中被保留了下来，但他最喜欢的积分，我们肯定用在了上面。

$$\text{In[1]:= } \int \frac{\text{Log}[a-x]}{x-b}\, d\!x$$

$$\text{Out[1]= } \text{Li}_2\left(\frac{a-x}{a-b}\right) + \log(a-x)\log\left(1-\frac{a-x}{a-b}\right)$$

费曼的参与有时会是一种麻烦。就像我在开发 SMP（Mathematica 的前身）时，我组织了一些研究过其他系统的人来参加研讨会。费曼也经常来。有一天，一个来自某著名计算机科学系的家伙来演讲。我觉得他有点儿累了，导致他的演讲实在不怎么样。最后，演讲内容竟演变成关于他们所创建的系统名称的一堆"谐音梗"。费曼越听越恼火，最后站了起来，做了一场完整的演讲，他说："如果这就是计算机科学，那简直就是胡扯……"我想，那个演讲人肯定认为是我让费曼这么做的，他因此怀恨了我 25 年……

在很多方面，费曼都是一个孤僻的人。除了出于社交需求，他真的不喜欢与别人合作。他还是只对自己的工作最感兴趣。他不怎么读书，也不怎么听讲，他想要的是自己动手的乐趣。他倒是常常来参加物理研讨会。不过他有个习惯，就是把研讨会当作解决问题的练习课。而且他并不总是顾及演讲者的感受。事实上，有一段时间我在加州理工学院组织了理论物理研讨会。他经常"煽动"我，争着和我找出演讲者内容中的致命缺陷。这引发了一些非常不幸的事件，但也带来了一些有趣的科学发现。

有一件关于费曼的事情是，他在安排自己生活方面颇费心思，好让自己不是那么繁忙，因而他可以只做自己想做的事。通常，他都有很多问题要解决。但有时他的长期助手会说："你应该去和他谈谈，不然他又要开始破译玛雅象形文字了。"他总给人一种不负责任的感觉，不过我觉得他更多是针对机构，而不是针对个人。

当然，我非常感谢他花了大量时间给我提建议，即便我并不总是善于采纳这些建议。他经常说的一句话是："平和的心态是开展创造性工作最重要的前提条件。"他认为一个人应该尽其所能来实现这一点。他认为这意味着，除了其他事情之外，一个人应该始终远离任何世俗的东西，比如管理。

尽管我认为费曼觉得大多数学者都相当沉闷，但他自己的一生也都是在学术界度过的。而且，我觉得费曼也不太喜欢他们对外部世界的标准看法，他自己往往更喜欢那些不同寻常的人。

他经常会把我介绍给那些前来拜访他的古怪人物。记得有一次，我们和一个颇有煽动力的邪教色彩组织创始人共进晚餐，那是一顿不同寻常的晚餐。之后，费曼和我谈了几小时关于领导力的问题，谈论了像罗伯特·奥本海默（Robert Oppenheimer）这样的领导者，还有杨百翰（Brigham Young）。这些让他很是着迷，也非常困惑，究竟是什么让伟大的领导者能够领导人们去做不可思议的事情？他想从中获得一种直觉理解。

这很有趣，费曼出奇地勤勉，完全是出于他的独立性。我记得有一次他在准备一场规模相当小的会议的演讲，他对此忧心忡忡。我问："你是一个伟大的演说家，你在担心什么？"他说："是的，每个人都认为我是一个伟大的演说家，所以这意味着他们对我的期望会更高。"而事实上，有时正是那些漫不经心的会议演讲，最终成了费曼最受欢迎的作品。这些作品或关于纳米技术，或关于量子理论的基础，或者其他话题。

费曼一生的大部分时间都在研究当今物理学中的重要问题。但他是一个自信的问题解决者，偶尔也会带着"只要思考就能解决任何问题"的态度出去探险。不过，这种态度也有一定的局限性。例如，我认为他从未真正相信这种态度适用于人类事务。就像我们都在波士顿为思维机器公司做咨询时，我总是很焦虑，担心如果公司管理层不这样做或不那样做，他们就会失败。费曼只会说："你为什么不让这些人自己来管理他们的公司？我们搞不懂这种事情。"可惜的是，这家公司最终还是倒闭了。当然，那是另一个故事了。

第 2 章

库尔特·哥德尔

2006 年 5 月 1 日

100 年前的今天 [①]，当库尔特·哥德尔（Kurt Gödel）出生时，数学领域看似已经几乎完备。两千年的发展刚刚被整理成几条公理，根据这些公理，人们似乎可以几乎机械地证明或推翻数学中的任何事情，也许还能延伸到物理学中去。

25 年后，一切继续快速发展着。在一次小型学术会议结束时，一位沉默寡言却雄心勃勃的维也纳学派的新晋博士壮着胆子说，他证明了一个定理，能证实整个项目最终必将失败。

在此后的 75 年里，哥德尔定理被赋予了近乎神秘的意义，为计算机革命播下了种子，但与此同时，它在实际应用中却被从事数学工作的人所忽视，并被视作与更广泛的科学无关。

然而，哥德尔定理背后的思想仍在继续发展。事实上，我相信今天我们正准备迎接科技的巨大变革，而其中的原理将是至关重要的。

哥德尔最初的研究是相当深奥的。他从逻辑和算术的公理出发，提出了一个看似自相矛盾的问题：能证明"该命题是不可证明的"这一命题吗？

---

① 本书各章写于不同的日期，所以"今天"等时间词也对应着不同的时间，请读者理解。

——编者注

人们可能会认为，仅凭数学公理无法回答这个问题。但是哥德尔证明了，事实上，他的命题可以纯粹地被编码为一个关于数字的命题。

然而，该命题又说它是不可证明的。因此，这里就有一个用数学无法证明的数学命题：一个"不可判定命题"。而它的存在，当即说明了数学存在着一定的不完备性：有些数学命题是无法用数学方法证明的。

这些想法本可以就此打住。但是，哥德尔证明的技术细节中，出现了一些难以置信的有着实际重要性的东西。因为哥德尔用数字对命题进行编码，这个看似奇怪的技巧却是迈向通用计算（universal computation）思想的关键步骤，这揭示了软件的可能性，并引发了整个计算机革命。

从计算机的角度来思考，我们就能以一种现代的方式来理解哥德尔所做的事情：尽管他本人事实上只是想讨论一种计算方式，但他证明了逻辑和算术实际上足以支持构建一台通用计算机，这台计算机可以通过编程来执行任何可能的计算。

当然并非所有的数学领域都是如此。例如，初等几何和初等代数就不存在通用计算，也没有类似哥德尔定理的东西。但即便如此，我们仍然有实用软件可以证明与此相关的任何命题。

通用计算的出现，产生了许多深远的影响。

精密科学一直以我所谓的计算可归约性（computational reducibility）为主导，即找到计算出系统将会做什么的快捷方法。牛顿展示了如何找出（理想化的）地球在一百万年后的位置。我们只需评估一个公式，而不必去追踪一百万个轨道。

但是，如果我们研究的是一个能够进行通用计算的系统，我们就不能再指望像这样"计算出"（outcompute）它了；相反，要想知道它会做什么，我们可能需要进行不可归约（irreducible）的计算工作。

这就是为什么预测计算机将会做什么，或证明软件没有漏洞是如此困难。这也是数学会如此困难的核心原因：要建立一个给定的数学结果，可能需要大量不可归约的计算工作。

这就是导致不可判定性的原因。比如说，如果我们想要知道任意大小的数是否具有某种性质，计算的不可归约性或许会告诉我们：除非我们考虑到所有可能的情况（这种情况是无穷无尽的），否则可能无法得出确切的结论。

然而，从事数学工作的数学家们从来没有过多地为不可判定性担忧。因为哥德尔的原始论述是非常冗长的，当转换成数学形式时，看起来犹如天文数字一般。而多年来提出的仅有的几种替代方案，从实践来看也几乎是无关紧要的。

但我自己的计算机实验表明，事实上，不可判定性近在咫尺。实际上，我怀疑当今数学中相当多著名的未解问题，在通常的公理范围内都是不可判定的。

不可判定性之所以没有被更多人公认，只是因为数学家和大多数科学家一样，尽管以抽象概括著称，却倾向于把注意力集中在利用他们的研究方法能成功解决的问题上。

早在 1931 年，哥德尔和与他同时代的人甚至不确定哥德尔定理是否具有一般性，或者只是由他们的逻辑和算术形式主义所产生的巧合而已。但几年后，当图灵机和其他计算机模型显示出同样的现象时，哥德尔定理开始显得更加具有一般性。

尽管如此，哥德尔还是想知道，是否有类似的定理适用于人类思维或物理现象。虽然我们仍然不知道完整的答案，但我当然希望思维和物理现象原则上都像通用计算机一样，拥有类似的定理。

在我自己的工作中，最大的惊喜之一就是发现通用计算是如此简单。假如我们要系统地探索可能的计算系统组成的抽象宇宙，我们并不需要走太远。我们不需要有着十亿个晶体管的现代电子计算机，甚至不需要逻辑和算术的复杂公理。我们只需用一个简短的句子或一个三位数来概括的简单规则就足够了。

几乎不可避免的是，这些规则在自然界中是颇为常见的，而它们也伴随着不可判定性。太阳系最终是稳定的吗？生化过程会不会失控？一套法则会导致毁灭性的后果吗？我们现在可以预期，这类问题的通用版本都是不可判定的。

这可能会让哥德尔沾沾自喜。他曾经说他在美国宪法中发现了一个漏洞；他在朋友爱因斯坦的生日时送给他一个自相矛盾的宇宙模型[1]；他还告诉我认识的一位物理学家，由于理论原因，他"不相信自然科学"。

即使在数学领域，哥德尔也和他的成果一样，总是被视作与主流有些格格不入。他数十年如一日地为数理逻辑提供核心思想，这位"自亚里士多德以来最伟大的逻辑学家"[约翰·冯·诺伊曼（John von Neumann）这样称呼他]甚至在变得越来越孤立的时候，还在专

---

[1] 即哥德尔宇宙（Gödel's universe）。——编者注

注于用逻辑将神学形式化，他开始相信莱布尼茨在 17 世纪的发现被压制了。随着他妻子健康状况的恶化，他开始对医生心存疑虑，又害怕被人投毒，最终在 1978 年死于饥饿。

他给我们留下了"不可判定性"这一遗产，我们现在意识到，这不仅影响了深奥的数学问题，还影响了基础科学、工程、医学等领域的各种问题。

有人可能会认为不可判定性是对进步的限制，但在很多方面，它反而是多样性的标志，因为它带来了计算上的不可归约性，以及系统建立超出简单公式所能概括的行为的可能性。事实上，我自己的研究表明，我们在自然界中所看到的许多复杂性正是源于此处。或许这也是我们从确定性的基本法则中建立起表面上的自由意志的本质所在。

在科学和技术领域，我们通常是通过精心设计来构建理论和生产设备的。但是，从哥德尔的方法所开创的抽象计算角度来思考，我们可以想象出另一种可能。因为如果我们用统一的规则或程序来表示一切的话，原则上我们就可以明确地枚举所有的可能。

然而在过去，这样的事情似乎一点儿也不明智。因为人们默认，要创建一个具有有趣行为的程序，需要明确的人类设计，或者至少需要类似自然选择的结果。但是，当我开始真正做实验并系统地运行最简单的程序时，我却发现，计算宇宙中充满了多样而复杂的行为。

已经有证据表明，我们在生物学中看到的许多非凡的形式，只是来自对这个宇宙的采样。也许通过搜索计算宇宙，我们可能会发现，甚至很快就能发现，我们自己所处的物理宇宙的终极基本规律。

（然而，要发现它们的所有结果，仍然需要不可归约的计算工作。）

对计算宇宙的探索也将数学置于一个新的背景之中。因为我们现在也可以看到，除了我们从古巴比伦的算术和几何中最终继承下来的数学之外，还有大量的其他选择。例如稀松平常的基本逻辑的公理，现在看来也只是大约第 5 万种可能而已。而数学，长期以来一直都是一门纯理论的科学，现在则必须采用实验的方法。

对计算宇宙的探索似乎注定要成为未来科学的核心知识框架。而在技术方面，计算宇宙则提供了一个巨大的新资源，可用于搜索和挖掘服务于我们日益复杂的目的的系统。正是其不可判定性，保证了我们可以找到无穷无尽的令人惊奇的有用材料。

因此，正是从哥德尔关于数学的深奥定理中，我所相信的 21 世纪科学技术的决定性主题已经浮现出来。

第 3 章

艾伦·图灵

2012 年 6 月 23 日

我从未见过艾伦·图灵（Alan Turing），因为他在我出生前五年就去世了。但不知何故，我总觉得自己对他非常了解，尤其是因为我个人的许多学术兴趣与他的有着近乎奇妙的相似之处。

一个不可思议的巧合是，Mathematica 的"生日"（6 月 23 日）与图灵的生日在同一天，因此今天不仅是图灵的百年诞辰，也是 Mathematica 的 24 岁"生日"。

我第一次听说艾伦·图灵大概是在 11 岁的时候，差不多就是看到我的第一台计算机的时候。我通过父母的一位朋友，认识了一位相当古怪的古典学老教授，他知道我对科学感兴趣，就跟我提到了他在"二战"期间认识的这位"名叫图灵的聪明小伙子"。

这位古典学教授有一个怪癖，就是每当拉丁文课文中出现"ultra"这个单词时，他总会一遍又一遍地重复这个单词，并说要记住它。尽管当时确实记住了，我却并没有多想。多年以后，我才知道"Ultra"是战争期间英国布莱奇利园密码分析工作的代号。古典学教授想以一种很"英国"的方式，在不泄露任何秘密的情况下，告诉我一些关于它的事情。我估计，他就是在布莱奇利园遇到艾伦·图灵的。

几年后，我在英国学术界零星听到一些关于艾伦·图灵的说法。我听说，他在战争期间为破解德国的密码做了神秘而重要的工作。我还听说，战争结束后，他被英国情报部门杀害了。当时，至少有一些英国战时的密码工作仍然是保密的，包括图灵在其中所扮演的角色。我想知道原因。于是我四处打听，听说也许是因为图灵发明的密码系统至今仍在使用。（实际上，继续保密似乎是为了避免人们知道某些密码已经被破解，这样其他国家就还会继续使用它们。）

我不知道自己后来又在哪里遇见过艾伦·图灵这个名字。有可能是在我决定尽我所能学习计算机科学的时候，我看到了各种关于"图灵机"的介绍。但我记得，大约是在 1979 年，我去图书馆找到了一本关于艾伦·图灵的小书，作者是他的母亲萨拉·图灵（Sara Turing）。

渐渐地，我对艾伦·图灵和他所从事的工作有了清晰的认识。在接下来的 30 多年里，我总是不断地遇到艾伦·图灵，还经常是在意想不到的地方碰上。

例如，在 20 世纪 80 年代初，我对生物生长理论产生了浓厚的兴趣，结果（从萨拉·图灵的书中）发现，艾伦·图灵在这方面已经做了各种各样的工作，大部分都没有发表过。

再如，当我们在 1989 年推广 Mathematica 的早期版本时，我决定做一张黎曼 ζ 函数的海报，结果发现图灵一度保持着计算 ζ 函数零点的纪录。（早些时候，他还设计了一台基于齿轮的机器来完成这项工作。）

最近，我甚至发现图灵写了一篇关于"数学符号和术语改革"

的文章，这个主题与 Mathematica 和 Wolfram|Alpha 都有关，让我非常感兴趣。

后来我才知道，我的一位高中数学老师（诺曼·劳特利奇，Norman Routledge）是图灵人生最后时期的朋友。但是，即使我的老师知道我对计算机感兴趣，他也从来没有向我提起过图灵或他的工作。事实上，在 35 年前，艾伦·图灵和他的研究还鲜为人知，直到最近，图灵才变得像今天这样有名。

图灵最伟大的成就无疑是他在 1936 年构造的通用图灵机，这是一种旨在代表数学过程机械化的理论装置。从某种意义上来说，Mathematica 正是图灵所要代表的那种机械化的具体体现。

然而，在 1936 年，图灵的直接目的纯粹是理论性的。事实上，他的目的不是证明数学中哪些东西能被机械化，而是证明哪些东西不能被机械化。1931 年，哥德尔定理表明，数学中可以证明的东西是有限的，而图灵想要知道数学中任何系统程序能完成的和不能完成的事项的边界在哪里。

图灵是英国剑桥的一名年轻数学家，他的工作是解决当时的数学问题。他的其中一个步骤是从理论上构建通用图灵机，这种机器可以通过"编程"来模拟任何其他图灵机。实际上，图灵提出了"通用计算"的概念，这一概念后来成为所有现代计算机技术的基础。

但在当时，图灵的工作并没有引起太大的轰动，主要可能是因为剑桥大学数学的重点在其他方面。就在图灵发表论文之前，他了解到美国普林斯顿大学的阿朗佐·丘奇（Alonzo Church）也提出了类似的成果，但不是从理论机器的角度来表述，而是用了类似 λ 演算的数学方法。于是，图灵去普林斯顿向丘奇学习了一年，并在那里写出了他一生中最深奥的论文。

在接下来的几年里，图灵主要从事战时密码分析工作。几年前，我得知图灵曾在战争期间拜访了美国贝尔实验室的克劳德·香农（Claude Shannon），一起研究语音加密。图灵一直在研究一种密码分析的统计方法，我很好奇他是否将此事告诉了香农，并无意中提出了信息论的概念，而信息论最初就是为了保密的密码分析而提出的。

战后，图灵参与建造了英国第一台真正意义上的计算机。在很大程度上，这些计算机是从工程学中产生的，而不是从对图灵在通用计算方面工作的基本理解中产生的。

然而，两者之间存在着明确的关联，尽管这种关联很曲折。1943 年，美国芝加哥的沃伦·麦卡洛克（Warren McCulloch）和沃尔特·皮茨（Walter Pitts）写了一篇关于神经网络的理论论文，其中使用了通用图灵机的思想来讨论大脑中的通用计算。约翰·冯·诺伊曼读了这篇论文，并将其用于他关于如何构建实用计算机和对其编程的建议中。（约翰·冯·诺伊曼在 1936 年就知道了图灵的论文，但当时并没有意识到它的重要性，而是在一封推荐信中称图灵在中心极限定理方面做了有趣的工作。）

在短短十多年的时间里，从撰写关于通用计算的理论，到能够为一台真正的计算机编写程序，艾伦·图灵着实令人惊叹。不过，我不得不说，从今天的角度来看，他的程序看起来非常"不优雅"（hacky），包含了许多特殊功能，并以奇怪的字母串形式编码。但也许要达到新技术的边缘，就不可避免地会略显"粗糙"。

或许要构造出第一台通用图灵机，也难免"粗糙"。这个概念是对的，但图灵很快发表了一份勘误表来修正一些小漏洞。在后来的几年里，人们发现了更多的漏洞。但在当时，图灵根本不知道漏洞是多么容易产生。

图灵也不知道他关于通用计算的成果到底通用性如何。也许图灵机只是计算过程的一个模型，而其他模型或者大脑可能具有完全不同的能力。但在几十年的时间里，人们慢慢发现，有很多可行的模型实际上与图灵发明的机器是完全一致的。

令人奇怪的是，艾伦·图灵似乎从未在计算机上真正模拟过图灵机。他只是把图灵机当作用来证明一般原理的理论设备，似乎从来没有把图灵机当作可以被明确研究的具体对象。

事实上，当图灵开始构建生物生长过程的模型时，他立即着手使用微分方程，似乎从未考虑过图灵机这类东西可能与自然过程有关联。

1980 年左右，在我刚开始对简单计算过程产生兴趣时，我也同样没有考虑过图灵机，而是开始研究我后来才知道其名称的元胞自动机（cellular automata）。我发现，即使是规则极其简单的元胞自动机，也能产生极为复杂的行为，这让我很快意识到，这种行为可以被视作与复杂的计算相对应。

我大概是在 1991 年才模拟了我的第一台明确的图灵机。对我来说，图灵机的构造很像工程系统，而不像自然界中可能存在的体系。但我很快发现，即便是简单的图灵机，也像简单的元胞自动机一样，能产生极为复杂的行为。

从某种意义上说，艾伦·图灵本可以轻而易举地发现这一点。但他的直觉与我最初的直觉一样，会告诉他这种现象是不可能存在的。因此，他很可能只是侥幸，并且借助简单的计算，才发现了这一现象。

如果他这样做了，我敢肯定，他一定会对他的通用性概念的门槛是什么，以及图灵机有多简单而感到好奇。在 20 世纪 90 年代中期，我探索了简单的图灵机，找到了可能是最小的那一个。在我提出 2.5 万美元的奖金之后，亚历克斯·史密斯（Alex Smith）在 2007 年证明，这个图灵机确实是通用的。

毫无疑问，艾伦·图灵很快就会意识到这些结果对思考自然过程和数学的重要性。但是由于缺乏实证发现，他的思路在这个方向上并没有取得任何进展。

相反，他开始从更偏向工程学的角度，考虑计算机应该在多大程度上模拟人类的大脑，并提出了图灵测试等概念。如今通读他的著作，你会发现，尽管其中有些观点已经过时了，比如他对"超感官知觉"的论述，但是他关于人工智能的许多概念性论点直到今天仍然有待深入探讨。

在他 1950 年发表的著名文章《计算机器与智能》（"Computing Machinery and Intelligence"）中，我们可以看到关于将《不列颠百科全书》的内容编程到机器中的讨论，他估计这需要 60 名工人花费 50 年的时间才能完成。我想知道艾伦·图灵会怎么看待 Wolfram|Alpha，考虑到过去 60 年的进步，也许再加上一些聪明才智，如今使用 Wolfram|Alpha 所需的人力至少要稍微少一些。

除了他的思想成果，图灵近来还成了民间英雄，这尤其源于关于他死亡的故事。几乎可以肯定的是，我们永远无法确切地知道他的死亡是否为自杀。但是，根据我所知道的和听到的，我不得不说，我相当相信这是真的。

人们第一次听说艾伦·图灵是因为吃了一个浸过氰化物的苹果而死时，一定会认为他是自杀的。但是，当后来人们发现他是一个相当喜欢捣鼓小发明的人，去世前不久为了电镀勺子而制造了氰化物，把化学药品和食物放在一起，而且他还是一个相当邋遢的人时，情况就变得不那么清楚了。

我经常在想，如果能见到艾伦·图灵，他会是什么样子。我没听到过他声音的录音（尽管他曾经在 BBC 做过广播节目）。但我猜测，即使在他生命的最后阶段，他也会经常咯咯地笑，说话时有一种口吃的感觉，因为他思考的速度比说话的速度还要快。他似乎发现，与数学家交谈是最轻松的。他对物理学也有一些思考，但似乎从未深入研究过。而且他似乎一生都对许多知识问题保持着孩童般的热情和好奇。

他有点特立独行的感觉，一个人持续不断地开展各种项目。他不是一个擅长组织、交往的人，在他生命的最后阶段，他似乎发现自己在很大程度上既被从事计算机工作的人们忽视，也被从事他新近感兴趣的生物生长和形态发生研究的人们所忽视。

从某些方面来说，他是一个典型的英国人，是一个在不同领域都有所涉猎的业余爱好者。他在纯粹数学方面达到了很高的水平，并以此作为自己的专业基础。他在传统数学方面的贡献虽然并不突出，但毋庸置疑是十分值得尊敬的。在他所涉足的每一个领域，他所提出的思想都是相当清晰的，即使这些思想的技术实现有时被晦涩的符号和大量的细节所掩盖。

从某种程度上来说，他活在他那个时代是幸运的。因为他生逢其时，能够将已经发展起来的数学形式主义与当时新兴的工程学相结合，第一次看到了计算的一般概念。

也许有点令人遗憾的是，他在计算机实验普及之前 25 年就去世了。我当然很想知道他在捣鼓 Mathematica 的时候会有什么发现。我不怀疑他会把 Mathematica 推到极限，写出令我震惊的代码。不过，我完全相信，早在我之前，他就已经发现了《一种新科学》的主要内容，并开始理解它们的重要性。

他可能会感到失望的是，在他发明图灵测试 60 年后，仍然没有完全类人的人工智能。也许在很久以前，他就已经开始为创造类似 Wolfram|Alpha 的东西而奔走呼号了，以便把人类的知识转化为计算机可以处理的东西。

如果他能再多活几十年，他无疑会涉足更多的领域。但图灵在其生命的 41 年里所取得的成就仍有很多值得我们感谢之处，作为计算概念之父，作为我所从事的工作的概念基础之父，他在现代享有这些声誉是当之无愧的。

第 4 章

约翰·冯·诺伊曼

2003 年 12 月 28 日

假如 1957 年，约翰·冯·诺伊曼没有在他 53 岁时去世的话，今天应该是他的百岁诞辰。多年来，我一直对冯·诺伊曼很感兴趣，尤其是因为他的研究触及了一些我最喜欢的话题。在《一种新科学》一书中，我有 12 处提到了他，次数位列第二，仅次于出现 19 次的艾伦·图灵。

我总觉得，如果我们能更好地了解一个人，就能更好地欣赏他的作品。通过与许多认识约翰·冯·诺伊曼的人交谈，我想自己已经慢慢能描绘出他这个人了。

如果能见到他，一定很有趣。他学识渊博，思维敏捷，总是给人留下深刻印象，而且活泼、善于交际、风趣幽默。

他有一段视频流传至今。1955 年，他参加了一档名为《青年想知道》(*Youth Wants to Know*) 的电视节目，这节目在今天看来是极为做作的。在一群青少年的簇拥下，他作为美国原子能委员会的委员被介绍给大家，这个机构在当时可是很重要的。人们问他有关设备展览的情况。他非常严肃地说，那些主要是辐射探测器。但这时他的眼睛里闪过一丝光芒，他指着另一件东西，一本正经地说："除了这个，这是一个手提箱。"这就是约翰·冯·诺伊曼现存唯一视频记录的结尾。

有些科学家（比如我自己）一生中的大部分时间都在追求自己的宏伟计划，但最终会以一种相当孤立的方式进行。相反，约翰·冯·诺伊曼却总是喜欢与最新的热门话题，以及话题周边的人互动，然后以自己特有的方式为之做出贡献。

他工作很努力，经常同时从事多个项目，而且似乎总是乐在其中。现在回想起来，他的大部分课题都选得非常好。他以一种明确的实用数学风格来研究每一个课题。他是第一个尝试将严肃的数学方法应用于各个领域的人，因此他能够做出重要而独特的贡献。

但有人告诉我，冯·诺伊曼从来没有对自己的成就感到完全满意，因为他认为自己错过了一些伟大的发现。事实上，20 世纪许多与数学相关的重要发现都与他息息相关：哥德尔定理、贝尔不等式、信息论、图灵机、计算机语言，以及我最近最喜欢的《一种新科学》一书中的核心发现，即从简单规则中发现复杂性。

但不知何故，他从未完成过这些发现所需要的概念转变。

我认为，这有两个基本原因。首先，他非常善于用自己所熟悉的数学方法获得新的结果，所以他总能不断获得更多的结果，不曾有任何理由停下来，去看看是否应该考虑一些不同的概念框架。其次，他并不是一个特别反对体制的人：他喜欢科学界的社会环境，似乎总是认真对待学术权威和其他权威。

据说，冯·诺伊曼是一个神童，19 岁就发表了他的第一篇论文（关于多项式的零点）。20 岁出头的时候，他已成为一名前途无量的年轻职业数学家，主要从事当时流行的集合论和数学基础领域的工作（他的成就之一是集合论领域的替代公理）。

与当时德国许多优秀的数学家一样，他参与了戴维·希尔伯特（David Hilbert）的数学形式化计划，例如，他写了一些论文，旨在为算术公理找到一致性证明。但他没有想到库尔特·哥德尔在 1931 年发现的更深层次的问题：实际上，这种证明从根本上来说是不可能的。有人告诉我，冯·诺伊曼总是为自己错过哥德尔定理而感到失望。他当然知道建立这个定理所需要的所有方法（当他从哥德尔那里听到这个定理，他当即就明白了）。但不知何故，他没有胆量去怀疑希尔伯特，去寻找希尔伯特的观点的反例。

在 20 世纪 20 年代中期，形式化风靡数学界，量子力学风靡物理学界。1927 年，冯·诺伊曼开始将量子力学公理化，从而将两者结合起来。冯·诺伊曼建立的形式主义，有相当一部分已成为任何以数学为导向的量子力学论述的标准框架。但我必须说，我一直认为它给那些实际上取决于各种物理细节的思想（尤其是关于量子测量的思想）赋予了太多数学定义的气息。事实上，冯·诺伊曼的一些特定公理对普通量子力学来说限制太多，多年来一直模糊了量子纠缠的现象，包括后来的贝尔不等式等标准。

但是，冯·诺伊曼在量子力学方面的研究产生了丰富的数学衍生品，特别是现在被称为冯·诺伊曼代数的东西，最近在数学和数学物理学领域均很受欢迎。

有意思的是，冯·诺伊曼的量子力学方法最初与传统上基于微积分的数学非常一致，都是研究希尔伯特空间、连续算子等的性质。但渐渐地，他的研究更加关注离散概念，尤其是早期版本的"量子逻辑"。从某种意义上来说，冯·诺伊曼的量子逻辑思想是对定义物理学计算模型的早期尝试。但他没有继续研究下去，也没有朝着催生现代量子计算思想等的方向前进。

到了 20 世纪 30 年代，冯·诺伊曼每年都会发表几篇论文，内容涉及主流数学中的各种热门话题，而且往往是与同时代的、后来声名显赫的学者 [如维格纳（Wigner）、库普曼（Koopman）、若尔当（Jordan）、维布伦（Veblen）、伯克霍夫（Birkhoff）、库拉托夫斯基（Kuratowski）、哈尔莫斯（Halmos）、钱德拉塞卡（Chandrasekhar）等] 合作发表的。冯·诺伊曼的工作尽管只是跟随当时数学发展的潮流，但毫无疑问是优秀且具有创新性的。

尽管冯·诺伊曼早期对逻辑学和数学基础非常感兴趣，但到了 20 世纪 30 年代中期，他（像数学界的大多数人一样）已经转向其他领域。先是在剑桥，后来在普林斯顿，他遇到了年轻的艾伦·图灵，甚至还在 1938 年的时候给图灵提供了一份助理的工作。但是，他显然没有关注到图灵 1936 年发表的关于图灵机和通用计算概念的经典论文。1937 年 6 月 1 日，他在一封推荐信中写道："（图灵）在殆周期函数理论和连续群理论方面做得很好……"

与许多科学家一样，冯·诺伊曼在曼哈顿计划中的工作似乎拓宽了他的视野，似乎激励着他努力将自己的数学才能用于解决各种各样的问题，而不仅仅局限在传统数学领域。他从事纯粹数学的同事们似乎把他的这种行为视为一种奇特的、有点可疑的爱好，但鉴于他令人尊敬的数学资历，这种爱好通常是可以容忍的。

然而，在冯·诺伊曼工作的普林斯顿高等研究院，当他开始在那里建造一台真正的计算机时，人们却感到很紧张。事实上，即使是 20 世纪 80 年代初我在该研究院工作时，那里仍然留存着对这个项目的痛苦回忆。研究院的纯粹数学家们从来都不曾喜欢它，据说冯·诺伊曼去世后，他们很高兴地接受了 IBM 的托马斯·沃森（Thomas Watson）的提议，派一辆卡车把冯·诺伊曼所有的设备都运走了。（有趣的是，这台计算机的 6 英寸①开关被保留下来，用螺栓固定在大楼的墙上，最近成了我一位计算机行业熟人的珍贵财产。）

1982 年，当时的研究院院长哈里·伍尔夫（Harry Woolf）招聘我之时，我与冯·诺伊曼在研究院的遗产进行了一些小小的互动。（哈里最初的想法是让我在研究院成立一个计算学院，与现有的自然科学院和数学院齐头并进。但由于种种原因，最终未能如愿。）我很担心知识产权问题，因为我刚刚在加州理工学院遇到了一些这方面的麻烦。哈里的回答是："听着，冯·诺伊曼在这里研制出了计算机，但我们坚持要把它赠送出去。有了这样的事，我们为什么要担心任何知识产权问题呢？"他认为这是他们董事会主席的回答。（而实际结果则是，我写了一封信，声明对自己在研究院所创造的任何知识成果不享有任何权利。）

在冯·诺伊曼主流纯粹数学之外的若干兴趣中，有一项是发展一种生物学和生命的数学理论。在 20 世纪 40 年代中期，由于战时电子控制系统方面的工作，人们开始讨论"自然和人工自动机"以及"控制论"之间的类比关系。冯·诺伊曼决定用他的数学方法来解决这个问题。有人告诉我，麦卡洛克和皮茨关于大脑与电子之间类比的形式

---

① 英美制长度单位，1 英寸合 2.54 厘米。——编者注

模型的研究给他留下了特别深刻的印象。[毫无疑问，他还受到了其他人的影响：约翰·麦卡锡（John McCarthy）告诉我，1948 年左右，他拜访了冯·诺伊曼，并告诉他可以将大脑视为自动机，将信息论思想应用于此。冯·诺伊曼当时的主要反应是："赶紧写下来！"]

冯·诺伊曼在很多方面都是一位传统的数学家，像图灵一样，他也认为在描述自然系统时需要借助偏微分方程。有人告诉我，在美国洛斯阿拉莫斯，冯·诺伊曼对受到电流刺激的水母很感兴趣，他似乎认为水母在进行某种连续的电子电路信息处理模拟。不管怎么说，到 1947 年左右，他已经萌生了一个想法，那就是用偏微分方程来模拟像生物体那样可以自我复制的工厂。

冯·诺伊曼似乎一直很喜欢孩子，有人告诉我，冯·诺伊曼正是在和他博弈论方面的合作者奥斯卡·莫根施特恩（Oskar Morgenstern）的儿子一起玩拼搭装置时意识到，他的自我复制工厂实际上可以用类似机器人的离散部件来建造。[当时已经有了用 Meccano[①] 制造计算机的传统。事实上，哈特里（Hartree）早期关于模拟计算机的一些文章就出现在《Meccano 杂志》（*Meccano Magazine*）上。]

一位名叫朱利安·比奇洛（Julian Bigelow）的电气工程师曾参与过冯·诺伊曼的高等研究院计算机项目，他指出三维部件并非必要的，二维的也一样可以工作。（20 世纪 80 年代初，当我在研究院工作时，比奇洛还在那里，但不幸的是，他已被视为冯·诺伊曼项目一个有点古怪的遗存了。）

---

① 一种模型构建玩具教具，可重复使用条、板、轴、齿轮等各类零件拼搭出不同形态、功能的模型或装置。下文《Meccano 杂志》为 20 世纪发行的与 Meccano 有关的爱好者月刊。——编者注

斯坦·乌拉姆（Stan Ulam）[1]告诉我，他曾独立思考过建立生物学的数学模型。在 1951 年左右，他似乎曾向冯·诺伊曼建议，基于自己参与编写的一本名为《苏格兰数学问题集》（英文原版以波兰的一家咖啡馆名字命名）[2]的书中提到的某种类似于无穷矩阵的东西，人们应该能够使用一种简化的、本质上是组合的模型。

所有这一切的结果，是建立了一个形式上属于二维元胞自动机的模型。与二维元胞自动机相当的系统也在同一时期出现在其他一些领域（见《一种新科学》）。冯·诺伊曼似乎认为他的版本是一个实用的框架，在这个框架中，他可以构建一个能够模拟工程计算机系统的数学系统，尤其是他所研究的 EDVAC（Electronic Discrete Variable Automatic Computer，电子离散变量自动计算机）系统。

在 1952 至 1953 年间，冯·诺伊曼草拟了一个证明的大纲，证明形式系统有可能支持自我复制。每当他需要不同类型的组件（导线、振荡器、逻辑元件等）时，他只需将其添加为元胞自动机的一个新状态，并添加新的规则。最终，他得到了一个有 29 个状态的系统，以及一个可以自我复制的有 20 万个元胞的配置。[冯·诺伊曼本人并没有完成这个构造。这项工作是在 20 世纪 60 年代早期由他一位名叫阿瑟·伯克斯（Arthur Burks）的前助手完成的。阿瑟后来离开了高级研究院计算机项目，专注于他对哲学的兴趣。然而直到今天，他仍然对元胞自动机保持着兴趣。[3]]

---

① 即斯坦尼斯瓦夫·乌拉姆（Stanisław Ulam）。——编者注
② 原书题为 The Scottish Book: Mathematics from the Scottish Café。Scottish Café（苏格兰咖啡）是波兰一家咖啡馆的名字。——编者注
③ 阿瑟·伯克斯于 2008 年去世，享年 92 岁。

从《一种新科学》的观点来看，冯·诺伊曼的系统现在似乎复杂得近乎荒唐。但冯·诺伊曼的直觉告诉他，人们不可能指望一个更简单的系统能表现出像自我繁殖（复制）这样复杂的生物特性。他的意思是，他认为在低于一定复杂度的情况下，系统总是会"退化"，总是会产生比其规则更简单的行为。但是，从生物学的例子，以及图灵机这样的系统来看，他相信在超过某个水平后，复杂度就会有一个"爆炸性"的增长，系统能够产生比其本身更复杂的其他系统。但他说，他认为这方面的门槛应该是包含数百万个部件的系统。

如果是在 25 年前，我可能并不太反对这种说法。当然，对我来说，我也是经过了几年的计算机实验才明白，事实上，即使是最复杂的行为，也只需要非常简单的规则就能产生。因此，我认为冯·诺伊曼没有意识到"只要简单的规则就足够了"这一事实，这虽不令人惊讶，但也不能说令人毫无印象。

当然，回过头来人们往往会发现，他确实还掌握了一些其他线索。他知道从简单规则生成伪随机数的想法，提出了所谓的"平方取中法"（middle square method）。他开始有了在数论等领域做计算机实验的想法。他分析了用埃尼阿克（ENIAC）[1] 计算出来的 π 和 e 的前 2000 位小数，发现它们似乎是随机的，尽管他没有对此发表任何评论。（他还研究了 ContinuedFraction[$2^{1/3}$][2]。）

---

[1] 全称为 Electronic Numerical Integrator and Computer，即电子数值积分仪和计算机。ENIAC 是 1946 年美国宾夕法尼亚大学为满足导弹弹道设计的需要而研制出来的，是世界上第一台电子计算机和第一台通用计算机，能够重新编程，解决各种计算问题。——译者注

[2] ContinuedFraction 是 Wolfram 语言中计算连分数的函数，作者用这种方法表示 $2^{1/3}$ 的连分数形式。本书正文中用相同等宽字体表示 Wolfram 语言函数、代码等。——编者注

我曾问过很多认识冯·诺伊曼的人，为什么他从不考虑更简单的规则。马文·明斯基（Marvin Minsky）告诉我，他其实直接问过冯·诺伊曼这个问题，但冯·诺伊曼一直对这个问题有些困惑。比起冯·诺伊曼，提出更简单的规则更符合乌拉姆的风格。乌拉姆确实尝试过用一维模拟制作二维元胞自动机，但他提出的不是一维元胞自动机，而是一个奇特的数论系统。

在生命的最后十年里，冯·诺伊曼参与了一系列令人印象深刻的课题。他的一些同事似乎认为，他在每个课题上花费的时间太少，但他的贡献通常还是很大的，有时直接体现在内容上，通常至少体现在他对新兴领域的参与和背书上。

当然，他也犯过错误。他认为计算中的每一个逻辑步骤必然会耗散一定的热量，而实际上可逆计算在原则上是可能的。他认为，在构建大型计算机系统时，组件的不稳定性将是一个主要问题，显然他并没有类似纠错码（error-correcting code）的概念。他曾不止一次说过，计算机程序的长度无非几千行。他当时考虑的可能是定理的证明，但没有考虑子程序，即引理之类的东西。

冯·诺伊曼坚信数学方法和数学模型的功效，这种功效或许可以通过计算机来实现。1950 年，他乐观地认为，准确的数值化天气预报很快就能实现。此外，他还认为，利用博弈论等方法，应该可以理解大部分的经济学和其他形式的人类行为。

冯·诺伊曼一直热衷于使用最新的方法和工具（我相信他在今天一定会是 Mathematica 的忠实用户）。尽管他与一大批科学家保持着联系，但他通常直接与一两个人合作，有时是同行，有时是助手。

（典型的一次交流是他在 1949 年写给艾伦·图灵的一封信，他在信中问道："你现在正在研究哪些问题？你近期的计划是什么？"）晚年，他经常作为政府或其他大型组织的杰出顾问开展工作。那时，他的工作经常以报告的形式呈现，由于他的杰出顾问身份，报告会被赋予特别的分量。（报告通常也是一份出色而清晰的作品。）作为局外人涉足这些领域，让他看起来有些矛盾：积极的一面是他在该领域独树一帜，消极的一面则是他不属于该领域的任何专家派别。

特别是在 20 世纪 50 年代早期，冯·诺伊曼开始深入参与军事咨询工作，事实上，我不知道冷战时期美国军事战略思维风格有多少是源自他的。冯·诺伊曼似乎对自己应邀从事这项咨询工作感到受宠若惊，而且他对待政府肯定比当时的许多其他科学家要尊重得多。除了有时兴致勃勃地展示自己的数学和计算能力之外，他似乎一直都很成熟、很有外交手腕。例如，他在奥本海默安全听证会上的证词记录就证明了这一点。

尽管如此，冯·诺伊曼在军事咨询方面的经历还是让一些人对他颇有微词。例如，有时有人说，冯·诺伊曼可能是斯坦利·库布里克（Stanley Kubrick）的电影《奇爱博士》（*Dr. Strangelove*）中阴险的奇爱博士的原型（事实上，冯·诺伊曼在他生命的最后一年也确实是在轮椅上度过的）。而对冯·诺伊曼模糊的负面印象，则体现在我最近从一位当时的科学史学家那里听到的一个典型说法中："不知为何，我不喜欢冯·诺伊曼，虽然我不记得到底是由于什么原因。"

最近，我见到了冯·诺伊曼唯一的孩子——他的女儿玛丽娜（Marina），她本人也有着杰出的职业履历，主要在通用汽车公司工作。她加深了我的印象，即约翰·冯·诺伊曼在病危之前一直是个快乐而精力充沛的人，长时间研究数学课题，而且总是乐在其中。她告诉我，约翰·冯·诺伊曼去世时留下了一个盒子，他嘱咐人们在他死后五十年再打开这个盒子。里面装着什么呢？他对我们现在已经看到的未来的最后一次清醒预测？还是一个玩笑，就像他喜欢戴的那种有趣的派对帽？2007 年，我们将揭晓这个最为有趣的答案。

约翰·冯·诺伊曼的盒子

2007 年 2 月 8 日

在约翰·冯·诺伊曼百年诞辰纪念文章的结尾，我提到他的女儿曾告诉我，在他逝世五十周年时将打开一个盒子。今天就是这个纪念日。

上周，我想起了这件事，便给他的女儿发了一封邮件，询问盒子的情况。

令人失望的是，她回复说："那个大盒子开启的结果让人彻底失望。"显然，她和她的子辈、孙辈聚集在一起，却发现这整件事是一个巨大的错误：这个盒子实际上根本不是约翰·冯·诺伊曼的！

也许这是最好的结果。冯·诺伊曼的女儿寄给我一篇她写的关于他的文章，指出了技术和其他变化的不可预测性（不可归约性？），并对人类可能会在 1980 年之前自我毁灭表示担忧。

　　幸运的是，这种情况当然没有发生。最近有人向我提出，也许盒子里装的是受冷战启发而设计的类似《奇爱博士》里的"末日机器"（Doomsday Machine）的东西。所以，尽管有"冯·诺伊曼机"式的自我复制器的存在，最后没有盒子可能也是一件好事。

第 5 章

乔治·布尔

2015 年 11 月 2 日

今天是乔治·布尔（George Boole）诞辰 200 周年纪念日。在我们现代数字化的世界中，我们总是听到"布尔变量"——1 或 0，真或假。有人可能会想："这是一个多么微不足道的想法！为什么还需要有人发明它呢？"但是，正如通常的情况一样，布尔变量其实只是乔治·布尔所取得的重要知识进展的一个附带产物而已。

当乔治·布尔登场时，逻辑学和数学这两门学科已经各自发展了 2000 多年。而乔治·布尔的伟大成就是，通过现在被称为布尔代数的概念，展示了如何将这两门学科结合在一起。通过这样的结合，他有效地开创了数理逻辑领域，并为一系列漫长的发展奠定了基础，这些发展促进了通用计算等的出现。

当乔治·布尔发明布尔代数时，他的核心目标是找到一套能够再现逻辑学经典结果的数学公理。他从普通代数出发，用了 x 和 y 这样的变量，以及加法和乘法这样的运算。

起初，普通代数似乎很像逻辑学，毕竟 p AND q 和 q AND p[①] 是一样的，就像 $p×q=q×p$。但如果细究起来，还是有区别的。比如 $p×p=p^2$，但 p AND p 就只是 p。有点令人困惑的是，布尔使用了

---

① AND 表示布尔逻辑与运算，此处为了避免文字混淆采用字母形式。——编者注

标准代数的符号，但添加了特殊的规则来创建一个公理系统，然后他证明这个公理系统可以再现逻辑学所有的常规结论。

布尔描述其公理系统的方式相当随意。但在几十年内，它已经被更加精确地形式化了，在随后的一个世纪里，人们又逐渐发现了一些更为简洁的形式。然后，巧合的是，16 年前，我终于结束了这个长达 150 年的过程，我发现了一个可以证明的最简单的逻辑公理系统，它实际上只包含一个公理——很大程度上来说这只是我所从事的其他科学的一个附带产物。

1847 1904	$p \times q = q \times p$
	$p + q = q + p$
	$p \times (q + (-q)) = p$
	$p + (q \times -q) = p$
	$p \times (q + r) = (p \times q) + (p \times r)$
	$p + (q \times r) = (p + q) \times (p + r)$
1999	$((p \cdot q) \cdot r) \cdot (p \cdot ((p \cdot r) \cdot p)) = r$

1913	$(p \cdot p) \cdot (p \cdot p) = p$
	$p \cdot (q \cdot (q \cdot q)) = p \cdot q$
	$(p \cdot (q \cdot r)) \cdot (p \cdot (q \cdot r)) = ((q \cdot q) \cdot p) \cdot ((r \cdot r) \cdot p)$
1933	$p + q = q + p$
	$p + (q + r) = (p + q) + r$
	$-(-p + q) + -((-p) + (-q)) = p$
1949	$(p \cdot (q \cdot r)) \cdot (p \cdot (q \cdot r)) = ((r \cdot p) \cdot p) \cdot ((q \cdot p) \cdot p)$
	$(p \cdot p) \cdot (q \cdot p) = p$

×与　＋或　－非　•与非

我认为这个公理非常简洁，研究它在可能的公理组成的空间中的位置，对数学和逻辑学的基础有着十分有趣的意义。但就乔治·布尔而言，我们可以说这是他伟大思想的一个简约版本：我们可以有一个数学公理体系，只需通过类似代数的简单变换，就能再现逻辑学的所有结果。

乔治·布尔是谁

让我们来谈谈乔治·布尔这个人。他是谁？他是如何做到他所做的事情的？

1815 年，乔治·布尔出生在英国伦敦以北 120 英里①处的林肯小镇。他的父亲对科学和数学有着浓厚的兴趣，并做着鞋匠的小生意。乔治·布尔是一个自学成才的神童。14 岁时，他翻译了一首古希腊诗歌，并发表在当地的报纸上，从而在当地名声大噪。16 岁时，他被当地一所学校聘为教师，那时他已经开始阅读微积分书籍，并显然已经开始构建他后来关于数学与逻辑学之间关系的想法。

19 岁那年，乔治·布尔创办了他自己的小学。这所学校似乎还算成功，事实上布尔一直靠开办（当时多称"主持"）学校为生，直到他 30 多岁。他结识了一些在剑桥等地受过教育的人，特别是通过当地的技工讲习所（Mechanics' Institute，有点类似现代的社区大学）。但在大多数情况下，他似乎只是通过阅读书籍而自学成才。

他认真对待自己的教师职业，并提出了各种令人惊讶的现代理论，包括理解和发现（而不是死记硬背）的重要性，以及数学等领域中可感知的实例的价值（他肯定会为现在计算机所能做到的一切而感到兴奋）。

布尔从 23 岁时开始发表数学方面的论文。他早期的论文都是关于当时的热门主题，比如变分法的。也许是他对教育和阐述的兴趣促使他尝试创造不同的形式主义，很快他就成为算子演算的先驱：

① 英美制长度单位，1 英里合 1.6093 千米。——编者注

通过操纵算子而不是明确的代数表达式来进行微积分运算。

没过多久，他就开始与当时英国顶尖的数学家进行交流，并得到了积极的反馈。他曾考虑去剑桥大学当一名"大学人"，但被告知他必须从标准的本科课程开始学习，并停止自己的研究，这让他打消了念头。

逻辑的数学分析

逻辑学作为一门学问，起源于古代，由亚里士多德（Aristotle）在其著作中提出。在整个中世纪及以后，它一直是教育的主要内容，它通过"bArbArA"和"cElArEnt"等记忆法来识别逻辑论证（"三段论"）的特定模式，从而融入了死记硬背的学习方法。从很多方面来看，逻辑学在一千多年的时间里并没有太大的变化。不过到了 19 世纪，人们开始努力使逻辑学变得更加精简和"形式化"。但问题是如何改变，尤其是，究竟应该通过哲学的方法，还是通过数学的方法来实现呢？

1847 年初，布尔的朋友奥古斯塔斯·德·摩根（Augustus De Morgan）因这个问题卷入了一场学术上的纠纷。这使布尔很快开始着手研究他早先提出的关于如何用数学来表述逻辑的想法。结果就是，他的第一本书《逻辑的数学分析》（*The Mathematical Analysis of Logic*）于同年出版：

THE MATHEMATICAL ANALYSIS

OF LOGIC,

BEING AN ESSAY TOWARDS A CALCULUS
OF DEDUCTIVE REASONING.

BY GEORGE BOOLE.

'Ἐπικοινωνοῦσι δὲ πᾶσαι αἱ ἐπιστῆμαι ἀλλήλαις κατὰ τὰ κοινά. Κοινὰ δὲ
λέγω, οἷς χρῶνται ὡς ἐκ τούτων ἀποδεικνύντες ἀλλ' οὐ περὶ ὧν δεικνύουσιν,
οὐδὲ ὃ δεικνύουσι.

ARISTOTLE, Anal. Post., lib. I. cap. XI.

CAMBRIDGE:
MACMILLAN, BARCLAY, & MACMILLAN;
LONDON: GEORGE BELL.
——
1847

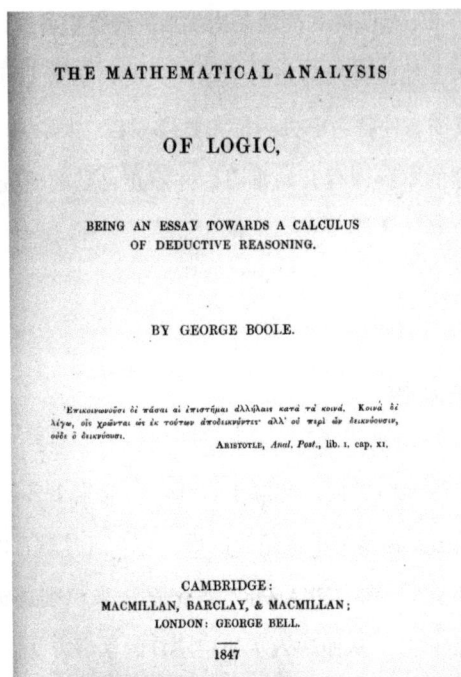

这本书并不厚，只有 86 页。但它解释了布尔用一种代数形式表示逻辑的想法。1843 年，汉密尔顿（Hamilton）刚刚发明了四元数代数，这恰好让人们意识到，代数中的变量不仅仅是普通的数，布尔也受到了这个影响。[伽罗瓦（Galois）于 1832 年也在群和有限域方面做了类似的工作。]

在布尔之前 150 年的时候，戈特弗里德·莱布尼茨（Gottfried Leibniz）也曾想过用代数来表示逻辑。但他一直没能搞清楚怎么实现。这个想法似乎都已经被人们遗忘了，直到 1847 年，布尔终于成功地实现了这个想法。

如今来看布尔的书，大部分内容都很容易理解。例如，他在书中展示了他的代数公式是如何再现逻辑学中的一些标准结果的：

1st. Disjunctive Syllogism.

Either X is true, or Y is true (exclusive),　　$x + y - 2xy = 1$
But X is true,　　　　　　　　　　　　　　$x = 1$
Therefore Y is not true,　.　　　　　　　　$\therefore y = 0$

Either X is true, or Y is true (not exclusive),　$x + y - xy = 1$
But X is not true,　　　　　　　　　　　　$x = 0$
Therefore Y is true,　　　　　　　　　　　$\therefore y = 1$

2nd. Constructive Conditional Syllogism.

If X is true, Y is true,　　　　$x(1 - y) = 0$
But X is true,　　　　　　　　$x = 1$
Therefore Y is true,　　　　　$\therefore 1 - y = 0$ or $y = 1$.

3rd. Destructive Conditional Syllogism.

If X is true, Y is true,　　　　$x(1 - y) = 0$
But Y is not true,　　　　　　$y = 0$
Therefore X is not true,　　　$\therefore x = 0$

4th. Simple Constructive Dilemma, the minor premiss exclusive.

If X is true, Y is true,　　　　　$x(1 - y) = 0$,　(41),
If Z is true, Y is true,　　　　　$z(1 - y) = 0$,　(42),
But Either X is true, or Z is true,　$x + z - 2xz = 1$,　(43).

From the equations (41), (42), (43), we have to eliminate x and z. In whatever way we effect this, the result is

$$y = 1;$$

whence it appears that the Proposition Y is true.

从表面上看，这一切似乎相当简单明了。"与"(and)由 xy 来表示，"非"(not)用 $1-x$ 来表示，"(异)或" [(exclusive) or] 用 $x + y - 2xy$ 表示。还有一些额外的限制条件，比如 $x^2 = x$。但当人们试图深入挖掘时，事情就变得扑朔迷离了。x 和 y 究竟是什么？今天，我们称之为布尔变量，并想象它们可以有离散值 1 或 0，代表真或假。但布尔似乎从未想过要讨论任何明确的东西，或者任何离散或组合的东西。他似乎只想讨论代数表达式和方程，甚至用到了级数展开来有效地枚举逻辑变量值的可能组合。

思维的规律

当布尔写他的第一本书时，他还在当教师，并经营着一所学校，但此时的他早已作为数学家而闻名。1849 年，当科克的女王学院（现在的爱尔兰科克大学）在爱尔兰成立时，布尔受聘成为该校第一位数学教授。一到科克，布尔就开始撰写他最著名的书《思维规律的研究》(*An Investigation of the Laws of Thought*)：

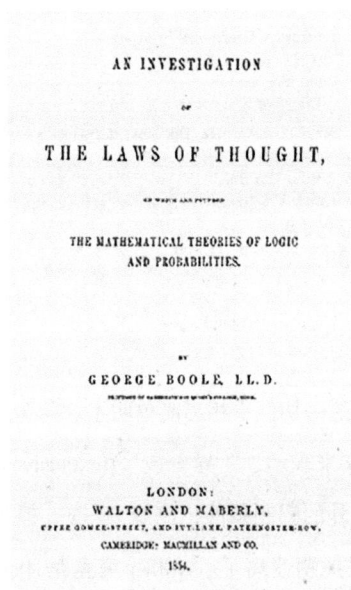

他在前言中写道："本书的目的是研究进行推理的思维活动的基本规律；用微积分的符号语言来表达这些规律，在此基础上建立逻辑学并构建其方法；……"

布尔似乎把自己看作在试图为"智力科学"（science of intellectual powers）设计一种演算法，就像牛顿为物理科学创造的微积分一样。但是，牛顿可以依靠空间和时间等概念来为构建他的微积分提供信息，而布尔的构建则必须建立在思维运作的模型基础上，对他来说，这无疑就是逻辑。

《思维规律的研究》的第一部分基本上是对布尔早期逻辑学著作的重新表述，但增加了一些例子，比如有一章涉及关于上帝的存在和其特征的逻辑证明。该书的第二部分在某种意义上更偏向于传统的数学。因为他没有将他的代数变量解释为与逻辑相关，而是将它们解释为与概率相对应的传统数字，这样做表明，事件概率的组合规律与逻辑语句的组合规律具有相同的结构。

《思维规律的研究》大部分读起来就像一本数学著作，有抽象的定义和形式化的结论。但在最后一章，布尔试图将他所做的工作与有关思维运作的经验问题联系起来。他讨论了自由意志如何能够与确定的思维规律相容，讨论了不精确的人类经验如何能够催生精确的概念，讨论了人类所能认识到的真理是否超越了数学定律所能解释的范围，还讨论了对人类思维的理解应如何为教育提供依据。

布尔的余生

《思维规律的研究》出版后，乔治·布尔留在了科克，在那里生活了十年，于 1864 年死于肺炎，享年 49 岁。在此期间，他继续广泛发表数学方面的文章，但再也没有发表过逻辑学方面的文章，尽管他可能是有意这样做的。

　　与逻辑学相比，布尔生前在传统数学方面的成就更受认可。他写了两本教科书，一本是 1859 年关于微分方程的，另一本是 1860 年关于差分方程的。这两本书的阐述都是简洁而优雅的。有趣的是，虽然布尔的《微分方程》(*Differential Equations*)① 在现代有数之不尽的替代品，但关于差分方程的研究却少之又少，以至于当我们在 20 世纪 90 年代末在 Mathematica 中实现差分方程时，布尔 1860 年的书仍然是重要的参考读物，尤其是其中关于线性差分算子分解的精彩示例。

布尔是什么样的人

　　布尔是一个什么样的人？这方面的信息很多，尤其是从他妻子的著作以及他去世时他姐姐收集的信件和回忆录中可以得知。可以看出，布尔做事有条理，勤奋努力，注重细节。他工作很努力，经常工作到深夜，有时他会全神贯注地工作，以至于变得心不在焉。不管他照片上看起来怎么样，他本人似乎相当和善。作为一名教师，尽管他在黑板上写的字常常难以辨认，但他却深受学生喜爱，是一位才华横溢的讲师。他是一位和蔼可亲、涉猎广泛的通讯员，曾多次拜访不同的人和地方。他多年来一直从事人事管理，先是在他的

---

① 完整书名为《微分方程论》(*A Treatise on Differential Equations*)。——编者注

小学，然后在科克大学。他有强烈的正义感，虽然他不喜欢争论，但是需要坚守自己立场的时候，他也会毫不含糊地参与其中。

尽管取得了成功，但布尔似乎一直认为自己只是一名自学成才的教师，而不是学术精英中的一员。这或许有助于他在学术上的冒险。无论是在微积分中操纵微分算子，还是想办法改变代数法则，使之适用于逻辑学，布尔似乎总是勇往直前，看能进行到哪里。对于正确和真实的判断，他相信自己的感觉。

布尔一生中的大部分时间都是孤身一人，但最终在 40 岁时结了婚。他的妻子玛丽·埃弗里斯特·布尔（Mary Everest Boole）比他小 17 岁，在他去世后 52 年，于 1916 年去世。她自己的经历也是一个有趣的故事，晚年著有《代数的哲学与趣味》(*Philosophy and Fun of Algebra*)、《用爱教导的逻辑学》(*Logic Taught by Love*)、《儿童科学的启蒙》(*The Preparation of the Child for Science*) 等书。乔治·布尔和玛丽·布尔有五个女儿，她们和自己的孩子们一起，从事着广泛的职业，颇有成就，其中有些还是数学方面的成就。

遗产

乔治·布尔曾致力于代数、微积分和连续数学方法的研究，而他却将离散变量符号化，这多少有点讽刺。但说句公道话，这花了不少时间。在他死后的几十年里，布尔在逻辑学方面的研究成果的主要影响，体现在席卷数学界的抽象化和形式化浪潮上，这一浪潮所涉及的人物包括弗雷格（Frege）、佩亚诺（Peano）、希尔伯特、怀特海（Whitehead）、罗素（Russell），最终还有哥德尔和图灵。直到 1937 年，随着克劳德·香农在交换网络方面的工作，布尔代数才开始被用于实际用途。

如今，在 Mathematica 和 Wolfram 语言中有大量关于布尔计算的内容，事实上，乔治·布尔是在以其人命名的系统中拥有最多（15个）不同函数的人。

但是，让布尔的名字如此广为人知的并不是布尔代数，而是更为简单的布尔变量概念，它基本上出现在每一种计算机语言之中，这导致自 20 世纪 50 年代以来，出版物中提及"布尔"一词的次数逐渐增多：

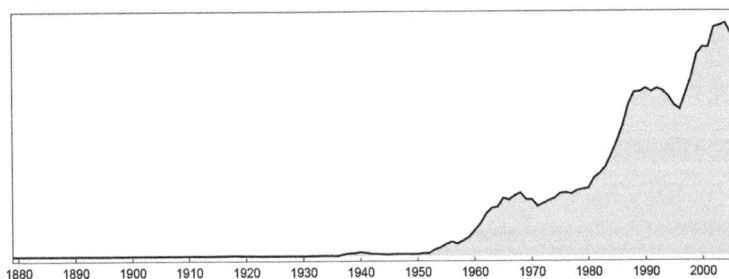

这是不可避免的吗？我想，从某种意义上说是的。因为纵观历史，足够简单的形式化思想都有一种最终被广泛应用的显著趋势，即使它们只是从相当复杂的起源中缓慢产生的。最常见的情况是，在某一时刻，这些想法变得与技术息息相关，然后就迅速从新奇事物变成了主流。

　　我在《一种新科学》一书中所做的工作,让我开始思考如何列举所有可能的"简单形式化思想"。有些已经融入了技术,但很多尚未融入。但是,乔治·布尔和布尔变量的故事提供了一个有趣的例子,说明了几个世纪的时间里可能发生什么,说明了起初看似晦涩难懂的东西如何最终变得无处不在。

第 6 章

埃达·洛夫莱斯

2015 年 12 月 10 日

今天是埃达·洛夫莱斯（Ada Lovelace）诞辰 200 周年。对于一些人来说，她是计算机史上的伟大英雄；而对于另一些人来说，她只是一个被高估的小人物。很长一段时间以来，我一直对她的真实故事感到好奇。为了准备她的诞辰 200 周年纪念，我决定尝试解开对我来说一直存在的"埃达之谜"。

这件事比我预想的要困难得多：历史学家意见不一，故事中的人物个性难以解读，技术上又难以理解，整个故事与 19 世纪英国上流社会的习俗交织在一起，而且外界还存在着大量令人惊讶的错误信息和误解。

但经过大量的研究，包括查阅了许多原始文件，我觉得自己终于了解了埃达·洛夫莱斯，把握住了她的故事。在某些方面，这是一个崇高而鼓舞人心的故事；而在其他一些方面，这又是一个令人沮丧的悲惨故事。

这是一个复杂的故事，为了理解它，我们将不得不先重温大量的事实和叙述。

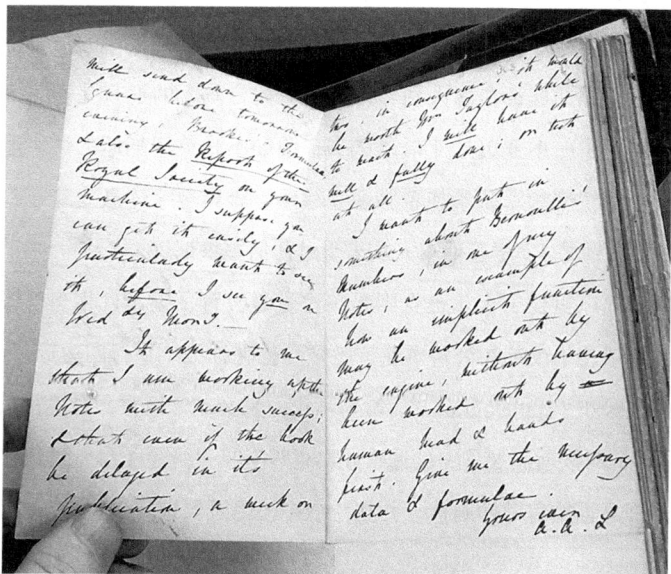

埃达的早年生活

让我们从头说起。埃达·拜伦（Ada Byron，她当时的名字）于 1815 年 12 月 10 日出生在伦敦，她的父母是新婚不久的上流社会人士。她的父亲拜伦勋爵（乔治·戈登·拜伦，George Gordon Byron）当时 27 岁，刚刚因其诗歌而成为英国的知名人物。她的母亲安娜贝拉·米尔班克（Annabella Milbanke）[①]23 岁，投身于进步事业，继承了温特沃思（Wentworth）男爵夫人的头衔。埃达的父亲说，他给她取名"埃达"是因为"这个名字简短、古老、有韵味"。

埃达的父母可以说是截然相反的人。拜伦一生放荡不羁，也许是 19 世纪最具"坏小子"形象的人物，童年时期有过黑暗的经历，后来也有过很多浪漫的和其他过激的行为。除了写诗和无视当时的社会规范，他还经常做一些不寻常的事：他在剑桥大学的宿舍里养了一只温顺的熊；在意大利与诗人和"大台阶上的五只孔雀"一起生活；写了一本亚美尼亚语语法书；假如不是英年早逝的话，他或许还会继续率领军队参加希腊独立战争（雅典至今还矗立着一座纪念他的大雕像），尽管他本人从未受过任何军事训练。

而安娜贝拉·米尔班克则是一位受过教育、虔诚且相当得体的女性，热衷于改革和公益事业，她被拜伦昵称为"平行四边形公主"（Princess of Parallelograms）。她与拜伦的婚姻非常短暂，在埃达只有 5 周大的时候就破裂了，埃达自此再也没有见过拜伦（尽管拜伦在自己的书桌上放着她的照片，并在诗歌中极尽赞美地提到过她）。拜伦

---

① 本名安妮·伊莎贝拉·米尔班克（Anne Isabella Milbanke），安娜贝拉是其昵称。——编者注

在 36 岁时去世，正值其名望的巅峰时期，而当时埃达只有 8 岁。围绕他的丑闻足以写成数百本书，拜伦夫人（埃达母亲的自称）的支持者和拜伦的支持者之间的公关战持续了一个世纪甚至更久。

埃达在母亲租来的乡间庄园里度过了孤独的童年，陪伴她的只有家庭女教师和助教，还有她的宠物猫"泡芙夫人"（Mrs. Puff）。埃达的母亲经常因为各种（相当古怪的）健康疗法而不在家，她对埃达实施了一套教育体系，包括长时间的学习和自我控制练习。埃达学习了历史、文学、语言、地理、音乐、化学、缝纫、速记，数学（部分通过经验方法教授）达到了初等几何和代数的水平。埃达 11 岁的时候，跟着母亲和随从们一起到欧洲进行了为期一年的旅行。回来后，埃达热衷于研究她所谓的"飞行学"（flyology），并想象如何用蒸汽动力机械模仿鸟类飞行。

但后来她得了麻疹（也可能是脑炎），最后卧床不起，身体欠佳长达三年之久。她最终在 17 岁时及时恢复了健康，遵循当时社交名媛的习俗，去伦敦参加了一个社交季。1833 年 6 月 5 日，在她"进宫朝见"（即觐见国王）26 天后，她参加了 41 岁的查尔斯·巴贝奇（Charles Babbage，其长子与埃达同龄）的家庭聚会。显然，她给主人留下了深刻的印象，主人再次邀请她及其母亲，观看他新造的差分机的演示。这是一个 2 英尺①高的手摇装置，由 2000 个黄铜零件组成，现在陈列在伦敦的科学博物馆。

---

① 英美制长度单位，1 英尺合 0.3048 米。——编者注

埃达的母亲称它为"思考机器"（thinking machine），并报告说它"取了几个数的 2 次和 3 次幂，并解出了一个二次方程的根"。这台机器改变了埃达的人生轨迹。

查尔斯·巴贝奇

查尔斯·巴贝奇有怎样的故事呢？他的父亲是一位积极进取、事业有成的金匠和银行家（尽管与他本人关系疏远）。经过多所学校和导师的推荐，巴贝奇前往剑桥大学学习数学，但没过多久他就决心改革那里的数学教学方式，并与他的毕生好友约翰·赫歇尔（John Herschel，天王星发现者之子）和乔治·皮科克（George Peacock，后来成为抽象代数的先驱）一起成立了分析协会（后来成为剑桥哲学学会），推动改革，比如用莱布尼茨基于函数的（"欧陆式"）微积分符号取代牛顿基于点的（"英国式"）微积分符号。

1814 年（埃达·洛夫莱斯出生的前一年），巴贝奇从剑桥大学毕业，与新婚妻子搬到伦敦居住，并开始在伦敦科学界和社交圈立足。他没有正式的工作，只是公开举办天文学讲座，撰写有关各种数学主题（函数方程、连乘积、数论等）的论文，虽然并不引人注目，但也值得尊敬。他父亲和妻子的家族为他提供了适度的经济资助。

1819 年，巴贝奇访问了法国，获悉法国政府正在实施一个制作对数表和三角函数表的大型项目。数学表格在当时具有相当重要的军事和商业意义，被广泛应用于科学、工程、金融及航海等领域。人们常常声称，数学表格中的错误会导致船只搁浅或桥梁倒塌。

回到英国后，巴贝奇和赫歇尔开始了一个为他们新成立的天文学会制作表格的项目，据说在检查这些表格的过程中，巴贝奇惊叹道："我真希望这些表格是由蒸汽制成的！"从此，巴贝奇开始了将表格生产机械化的毕生努力。

最先进的技术

早在巴贝奇之前，就已经有了机械计算机。帕斯卡（Pascal）在 1642 年就制造了一台，我们现在知道，计算工具甚至在古代就有了。但在巴贝奇的时代，这样的机器还只是稀奇古怪的东西，在日常实际应用中还不够可靠。表格是通过人工计算制成的，计算工作被分派给一个团队中的成员来完成，最低级的计算基于使用差分法对多项式（例如级数展开式）进行求值。

巴贝奇设想的是有一种差分机器，可以用差分法来计算任意次数的多项式，然后自动逐步求值并打印结果，完全排除了人类容易出错的倾向的干扰。

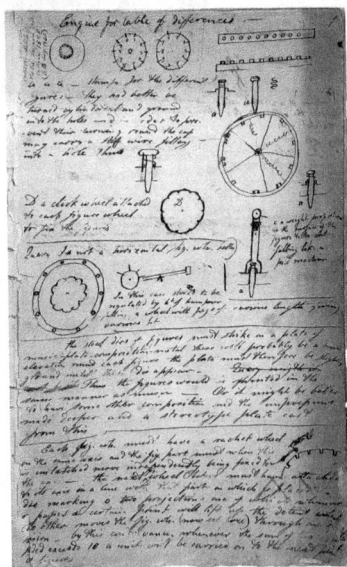

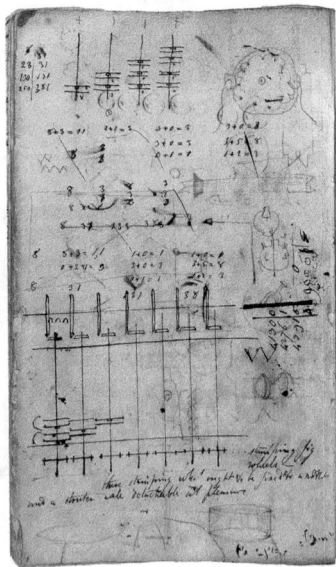

1822 年初，30 岁的巴贝奇忙于研究不同类型的机械，并制订设计了差分机的计划和原型。他参与创立的伦敦天文学会[①]为他的这个想法颁发了一枚奖章。1823 年，英国政府同意为建造这样一台机器提供资金支持。

1824 年，巴贝奇因有望加入一家初创的人寿保险公司而稍有分心，他为此做了一系列生命表的计算。但他在自己的马棚（他的"车库"）里设立了一个工作室，不断萌生关于差分机，以及关于如何利用当时的工具制造它的组件的构想。

1827 年，巴贝奇终于完成了手工计算的对数表，并在近 100 年的时间里不断重印。巴贝奇把它们印在黄色的纸上，理论上这样可以减少用户出错。（在我上小学的时候，对数表仍然是做乘法运算的快速方法。）

---

① 后为英国皇家天文学会。——编者注

同样是在 1827 年，巴贝奇的父亲去世，留给他大约 10 万英镑，大致相当于今天的 1400 万美元，这为巴贝奇的后半生奠定了坚实的经济基础。不过，同年，他的妻子也去世了。她和巴贝奇共养育了 8 个孩子，但只有 3 个活到了成年。

巴贝奇因妻子的去世而消沉，他去了欧洲大陆旅行，并对他在那里所见到的科学成就印象深刻，于是写了一本名为《对英国科学衰落的反思》（*Reflections on the Decline of Science in England*）的书，结果该书内容主要是对英国皇家学会（他是其中的一员）的抨击。

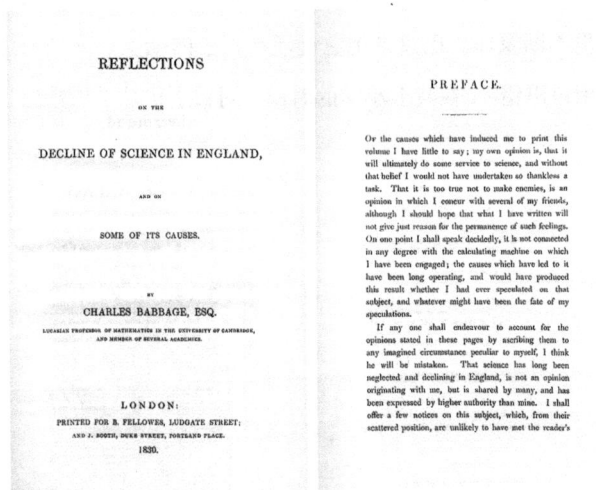

虽然经常分心，但巴贝奇仍在继续研究差分机，写下了数千页的笔记和设计稿件。在起草计划或在机器车间做实验时，他总是亲力亲为。但在管理他雇用的工程师方面，他却完全不插手，而且他对成本的管理也不甚理想。尽管如此，到 1832 年，一台小型差分机

（不带打印机）的工作原型已经成功完成。这就是埃达·洛夫莱斯在
1833 年 6 月所看到的机器。

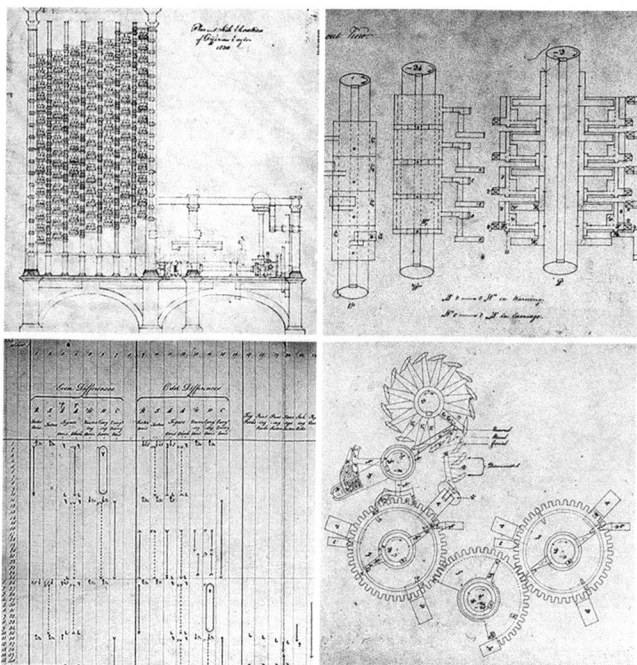

说回埃达

　　埃达与差分机的邂逅似乎点燃了她对数学的兴趣。她结识了拉
普拉斯（Laplace）的译者以及著名的科学解说者玛丽·萨默维尔
（Mary Somerville），并在她的鼓励下，很快热衷于研究欧几里得。

1834 年，埃达随母亲参加了一次慈善之旅，访问了英格兰北部的工厂，对当时的高科技设备产生了浓厚的兴趣。

在回来的路上，埃达教了她母亲一位朋友的女儿一些数学知识。她通过信件继续教学，并指出这可能是"两位贵族女士之间长达数年的'感性数学通信的开始'，毫无疑问将来会出版，以启迪人类"。这并不是什么高深的数学，但埃达说得很清楚，而且还带有这样的告诫："当可以给出**直接**证明时，你不应该选择**间接**证明。"（在埃达的所有手写信件中，有很多下划线，本书以黑体显示这部分文字。）

起初，巴贝奇似乎低估了埃达，他试图将埃达的兴趣引到他用作聚会谈资的银娘子（Silver Lady）自动人偶上（并指出，他给人偶加了一块头巾）。但（用她自己的话说）埃达继续与巴贝奇先生和萨默维尔夫人单独或一起互动。很快，巴贝奇就向她敞开了心扉，谈起了许多知识性的话题，也谈起了他在差分机的经费问题上与政府产生的矛盾。

1835 年春天，19 岁的埃达遇到了 30 岁的威廉·金（William King，或者更准确地说，是威廉·金勋爵）。他是玛丽·萨默维尔儿子的朋友，曾就读于伊顿公学（150 年后我也在同一所学校就读）和剑桥大学，后来当过公务员，后期大部分时间在英国位于希腊的一个前哨站工作。尽管威廉有些呆板，但他似乎是一个严谨、认真、正派的人。无论如何，埃达和他一见钟情，他们于 1835 年 7 月 8 日结婚。埃达直到最后一刻才公布这则消息，避免了花边新闻的骚扰。

在接下来的几年里，尽管埃达也有一些时间骑马、学习竖琴和数学（包括球面三角学等主题），但她的生活似乎主要是照顾三个孩子和管理繁重的家务。1837 年，英国维多利亚女王（时年 18 岁）即位，作为上流社会的一员，埃达与她见了面。1838 年，威廉因在政府工作而被封为伯爵（即洛夫莱斯伯爵，Earl of Lovelace），而埃达则成为洛夫莱斯伯爵夫人（Countess of Lovelace）。

1839 年，在她第三个孩子出生后的几个月里，埃达决定重新认真对待数学。她告诉巴贝奇，她想在伦敦找一个"数学导师"，但要求巴贝奇在打听时不要提到她的名字，大概是担心社会上的流言蜚语。

这个导师就是奥古斯塔斯·德·摩根，伦敦大学学院的第一位数学教授，著名逻辑学家，写过几本教科书，他不仅是巴贝奇的朋友，也是埃达母亲童年时期主要老师的女婿。（是的，世界真小，德·摩根也是乔治·布尔的朋友，是他间接促成了布尔代数的发明。）

在与巴贝奇的通信中，埃达表现出了对离散数学的兴趣，例如，她想知道纸牌接龙游戏（solitaire）是否"可以用数学公式来求解"。但按照当时（如今也还是如此）的数学教育传统，德·摩根让埃达从学习微积分开始。

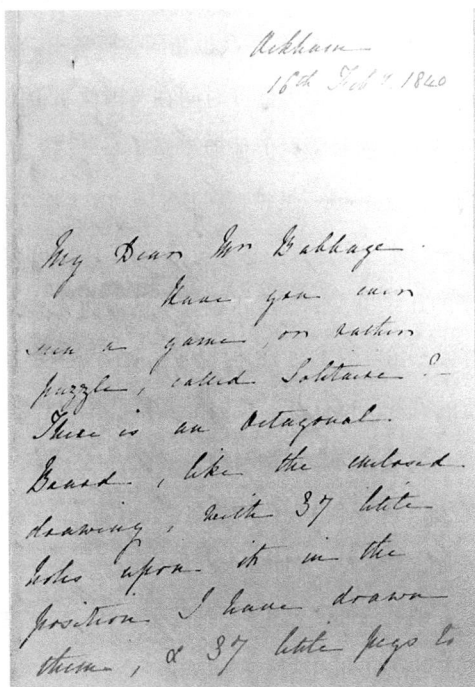

埃达写给德·摩根的关于微积分的信与今天的微积分学生的信别无二致，只是她用了维多利亚时代的英语。尽管埃达对微积分的糟糕符号更为敏感（比如"为什么不能用 dx 做乘法？"），但她的许多困惑甚至与今天的学生都是一样的。埃达是一名坚持不懈的学生，似乎很享受不断学习数学的过程。她对自己的数学能力感到高兴，并对德·摩根给予的积极反馈感到满意。她还保持着与巴贝奇的交流，在一次巴贝奇拜访她的庄园时（1841 年 1 月，当时她 25 岁），她迷人地对当时 49 岁的巴贝奇说："如果你是一名**滑冰运动员**，希望你能把**滑冰鞋**带到奥卡姆①来，这是当下这里很时髦的职业，也是**我很喜欢**的职业。"

埃达和她母亲的关系十分复杂。表面上，埃达对母亲非常尊敬。但在很多方面，她发现母亲似乎有很强的控制欲和操纵欲。埃达的母亲经常说自己身体有问题，可能不久于人世（实际上她活到了 64 岁）。她越来越多地批评埃达的育儿方式、家务管理和社交礼仪。但

① 当时埃达一家居住在位于英国萨里郡奥卡姆的奥卡姆园。——编者注

到了 1841 年 2 月 6 日，埃达对自己和数学有了足够的自信，她给母亲写了一封非常坦诚的信，表达了自己的思想和志向。

她写道："我相信自己拥有一种非常独特的品质组合，完全适合成为一个去挖掘自然隐秘现实的杰出发现者。"她谈到了自己要做大事的雄心壮志。她谈到了自己"永不满足、永不停歇的精力"，她相信自己终于找到了目标。她还谈到，25 年后，她虽然依旧敬重母亲，却不像以前那样"遮遮掩掩和疑神疑鬼"了。

但是，三周后，她的母亲给她投下一颗重磅炸弹，声称在埃达出生之前，拜伦和他同父异母的妹妹已经有了一个孩子。在当时的英国，这种乱伦行为并不违法，却是丑闻。这件事让埃达非常难以接受，这也让她偏离了数学的轨道。

多年来，埃达的健康状况时好时坏，但到了 1841 年，她的健康状况明显恶化，她开始系统地服用阿片^①制剂。她非常渴望在某些方面有所建树，并开始萌生这样的想法：自己也许应该选择音乐和文学，而不是数学。但她的丈夫威廉似乎说服了她，到 1842 年底，她又重新开始学习数学。

再说回巴贝奇

当这一切发生的时候，巴贝奇又在做什么呢？他一直在做各种各样的事情，取得了不同程度的成功。

---

① 用作毒品时称鸦片。——编者注

几经努力，他很荣幸地被任命为剑桥大学的卢卡斯数学教授，但他却从未真正在剑桥待过。尽管如此，他还是写了一本颇具影响力的书——《论机械和制造业经济》（*On the Economy of Machinery and Manufactures*），讨论了如何分解工厂中的任务（这个问题的出现实际上与人工计算数学表格有关）。

<table>
<tr><td>

On the
ECONOMY OF MACHINERY
AND
MANUFACTURES
By
CHARLES BABBAGE, ESQ^{RE} A.M.
Lucasian Professor of Mathematics in the University of Cambridge,
and member of several Academies.

LONDON:
CHARLES KNIGHT, PALL MALL EAST.
1832.

</td><td>

xii   CONTENTS.

CHAPTER XIV.

ON THE INFLUENCE OF VERIFICATION ON PRICE.

Modification of general Principles, § 134.　Verification of Sugar, Tea, Flour, 135.　Doctoring Trefoil, and Clover, 136.　Flax, 137.　Difficulty of distinguishing "single press" Lace, 138.　Stockings, 139.　Watches, 140.　Measures of articles of Linen Drapery, 141.　Apothecaries and Druggists, 142.　Effect of Number of Proprietors on Price, 143. Ice.　Oil of Cajeput, 144.

CHAPTER XV.

ON THE INFLUENCE OF DURABILITY ON PRICE.

Degree of Durability in Articles.　Paper, Pens, Precious Stones, § 146.　Tables, Chairs, Looking-glasses, 147.

CHAPTER XVI.

ON PRICE, AS MEASURED BY MONEY.

List of Prices of various Articles in 1818, 1824, 1828, 1830, § 148.　Another List, for 1812, 1832.　Advice about such Lists, 148.　Causes of Alteration of Money Price.　Table of Elements of Alteration, 149.　Price of Plate Glass in London, Paris, and Berlin.　Price of large Plates, 150. Middle-men, 152.

CHAPTER XVII.

OF RAW MATERIALS.

Nature of Raw Material, § 153.　Gold and Silver Leaf, 154. Venetian Gold Chains, 155.　Watch-spring, 156.　Tables of Price of Raw Material and labour in various Manufacture of France, 157.　Price of Bar-iron in various Countries, 158.

CHAPTER XVIII.

OF THE DIVISION OF LABOUR.

Causes of its Advantages, § 159.　Time required for learning an Art, 160.　Time lost in changing Occupation, 162.

</td></tr>
</table>

1837 年，他对当时流行的自然神论话题发表了自己的看法，并将他的《第九篇布里奇沃特论义》（*Ninth Bridgewater Treatise*）附在其他人撰写的一系列论文之后。论文的核心问题是，从自然界所见到的明显设计中是否可以找到有神灵存在的证据。巴贝奇的书相当难读，比如开篇写道："我们获得的关于构思和设计的概念，来自

我们对其他生物作品的观察与我们在自己工作中所意识到的意图的比较。"

他谈到了机械过程、自然法则和自由意志之间的关系，这显然与 150 年后我自己的一些研究产生了共鸣。他发表了"通过机械手段可以实现极为复杂的计算"这样的言论，但随后又（用相当弱的例子）声称机械装置可以产生数字序列，这些序列显示出意想不到的变化，就像发生了奇迹一样。

巴贝奇曾尝试从政，两次以制造业导向的竞选纲领参加议会竞选，但都未能当选，部分原因是有人指控他在差分机项目上滥用政府资金。

巴贝奇还继续在他位于伦敦的大房子里举办高档派对，而且越来越杂乱无章，派对吸引了查尔斯·狄更斯（Charles Dickens）、查尔斯·达尔文（Charles Darwin）、弗洛伦丝·南丁格尔（Florence Nightingale）、迈克尔·法拉第（Michael Faraday）和威灵顿（Wellington）公爵等名人，他年迈的母亲也经常出席。尽管他在自己名字后面列出的学位和荣誉多达六行，但他对自己缺乏认可感到越来越痛苦。

CHARLES BABBAGE, ESQ., M.A.,

F.R.S., F.R.S.E., F.R.A.S., F. STAT. S., HON. M.R.I.A., M.C.P.S.,

COMMANDER OF THE ITALIAN ORDER OF ST. MAURICE AND ST. LAZARUS,

INSP. IMP. (ACAD. MORAL.) PARIS CORR., ACAD. AMER. ART. ET SC. BOSTON, REG. ŒCON. BORUSS.,

PHYS. HIST. NAT. GENEV., ACAD. REG. MONAC., HAFN., MASSIL., ET DIVION., SOCIUS.

ACAD. IMP. ET REG. PETROP., NEAP., BRUX., PATAV., GEORG. FLOREN, LYNCEI ROM., MUT., PHILOMATH.

PARIS, SOC. CORR., ETC.

导致这个问题的核心原因就是围绕差分机所发生的事情。巴贝奇聘请了当时顶尖的工程师之一来实际制造这台机器。但不知何故，经过十年的努力，尽管开发了大量精密的机床，真正的差分机却还是没有制造出来。早在 1833 年，也就是巴贝奇遇到埃达后不久，他就试图掌控这个项目，但结果是他的工程师辞职了，并坚持要保留差分机所有的设计图纸，甚至包括巴贝奇自己绘制的设计图纸。

但就是这个时候，巴贝奇有了一个更好的想法。相比于一台只会计算差分的机器，他构思了一台"分析机"，支持一系列可能的运算，实际上可以按照任意编程的顺序进行运算。起初，他只是想让机器对固定的公式求值，但随着对不同使用案例的研究，他增加了其他功能，比如条件运算，并常常想出一些非常巧妙的方法来机械地实现这些运算。最重要的是，他想出了如何使用打孔卡片来控制计算步骤，这种卡片是雅卡尔（Jacquard）于 1801 年发明的，用于指定织布机上的编织图案。

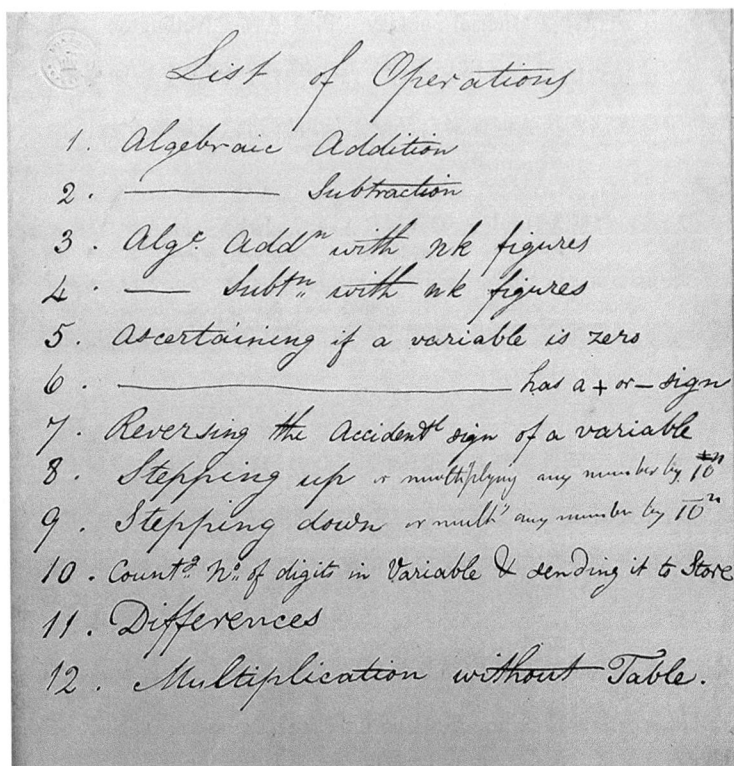

List of Operations

1. *Algebraic Addition*
2. ——————— *Subtraction*
3. *Algc. Addn with nk figures*
4. —— *Subtn with nk figures*
5. *Ascertaining if a variable is zero*
6. ——————————— *has a + or − sign*
7. *Reversing the Accident. sign of a variable*
8. *Stepping up or multiplying any number by 10^{+n}*
9. *Stepping down or mult. any number by 10^{n}*
10. *Countg. No. of digits in Variable & sending it to Store*
11. *Differences*
12. *Multiplication without Table.*

巴贝奇创造了一些极为复杂的设计，在今天看来，它们能够正常运行就已经十分了不起了。但早在 1826 年，巴贝奇就发明了一种他称之为机械符号的东西，旨在为机械运算提供一种符号表示，就像数学符号为数学运算提供一种符号表示一样。

早在 1826 年的时候，巴贝奇就已经对没人赏识他的发明而失望了。毫无疑问，人们当时并不理解它，因为即使是现在，也没人能搞清楚它是如何工作的。但这可能是巴贝奇最伟大的发明，因为很显然，正是这项发明催生了他所有的精心设计。

　　巴贝奇最初的差分机项目耗费了英国政府 17 500 英镑，大约相当于今天的 200 万美元。与政府的其他开支相比，这只是一笔小数目，但这个项目非同寻常，引起了相当多的讨论。巴贝奇喜欢强调，与和他同时代的许多人不同，他本人并没有拿过政府的钱（尽管他把自己的马棚装修成防火车间等都要花钱）。他还声称，他最后差不多在各种项目上花了自己 2 万英镑，或者说是他大部分财产（我并不明白这些数是怎么加起来的）。他还不断努力争取政府的进一步支持，并制定了建造差分机 2 号的方案，该方案只需要 8000 个零件，而不是 25 000 个。

　　到 1842 年，政府人事已经更迭，巴贝奇坚持要与新首相（罗伯特·皮尔，Robert Peel）会面，但最终被新首相痛斥了一番。在议会上，给差分机提供资金的想法最终被诸如"机器要能够进行计算才算有点儿用"的讥讽叫停了。（关于差分机的辩论记录有一定的吸引力，尤其是他们讨论到差分机在国家统计方面可能的用途，这与今天 Wolfram|Alpha 在可计算国家方面的前景有着奇妙的相似之处。）

埃达的论文

　　巴贝奇的想法虽然在英国得不到支持，但在其他地方却受到了一定欢迎。1840 年，巴贝奇应邀到意大利都灵就分析机这一主题做了演讲，并获得了意大利政府的嘉奖。

巴贝奇从未发表过关于差分机的正式报告，也从未发表过任何关于分析机的文章。但他在都灵谈到了分析机，一个名叫路易吉·梅纳布雷亚（Luigi Menabrea）的人做了笔记，当时他还是一位 30 岁的陆军工程师，但 27 年后，他成了意大利王国的首相（还对结构分析数学做出了贡献）。

1842 年 10 月，梅纳布雷亚根据自己的笔记用法语发表了一篇论文。埃达看到这篇论文后，决定将其翻译成英文，并投稿给英国的一家出版社。许多年后，巴贝奇声称他曾建议埃达撰写自己关于分析机的说明，而她回应说自己并没有过这个想法。但无论如何，到 1843 年 2 月，埃达已决心完成翻译工作，但要加上她自己的大量注释。

在随后的几个月里，她非常努力地工作，几乎每天都与巴贝奇通信（尽管有时还有其他"紧迫且无法回避的约会"）。尽管在那个时代，信件是通过邮局发送（在当时的伦敦，邮局每天收发六次）或由仆人携带（埃达在伦敦时住在离巴贝奇大约 1 英里的地方）的，但这些信件读起来很像今天有关项目的电子邮件，只是用的是维多利亚时代的英语。埃达向巴贝奇提问，巴贝奇回答，她找到方案，巴贝奇提出意见。显然是她在主导，但她认为自己首先是在解释巴贝奇的工作，因此希望与巴贝奇一起核对确认。不过，当巴贝奇试图修改她的手稿时，她会感到恼火。

埃达在调试伯努利数的计算时写下了这样一封信，真是引人入胜："亲爱的巴贝奇，这些**数**让我陷入了令人震惊的泥潭和麻烦之中，我为此感到非常沮丧，以至于我今天不可能完成这件事。……我现在要出去骑马了。Tant mieux[①]。"后来，她告诉巴贝奇："我整天都在不停地工作，而且非常成功，您一定会非常欣赏这些图表。它们都是我极其精心制作出来的，所有的指数都得到了最细致和最严谨的处理。"然后她补充说，威廉（或她口中的"L. 勋爵"）"此刻正在亲切地为我把这一切都涂上墨水。我不得不用铅笔来写……"。

威廉显然也是建议她在译文和注释上签名的人。正如她在写给巴贝奇的信中所说的那样："我并不想**宣布**这本书是谁写的。同时，我更希望附上一些东西，以便日后将它与所谓的 A.A.L.（即 Ada Augusta Lovelace，埃达·奥古丝塔·洛夫莱斯[②]）的其他作品**区分**开来。"

---

① 法语，意为"那就更好了"或"那太好了"。——编者注
② 一说表示奥古丝塔·埃达·洛夫莱斯。——编者注

到 1843 年 7 月底，埃达几乎完成了她的注释写作。她为这些注释感到骄傲，巴贝奇也对它们赞不绝口。但巴贝奇还想再做一件事：他想增加一篇匿名序言（由他自己撰写），解释英国政府是如何不支持这个项目的。埃达认为这不是个好主意。巴贝奇极力坚持，甚至提出，如果没有这篇序言，整个出版工作都应该撤回。埃达非常生气，并告诉了巴贝奇。最后，埃达的译文出现了，署名为"AAL"，没有序言，后面是她的注释，标题为"译者注"。

埃达显然对此很兴奋，她给母亲寄去了重印本，并解释说："没有人能估计到修改**数学**公式的印刷所带来的麻烦和**无休止的**劳动。对未来而言，这是一个令人愉快的前景，因为我想，成百上千个这样的公式将以各种方式从我的笔下诞生。"她说，她的丈夫威廉也很兴奋地把这本书送给他的朋友们，埃达写道："威廉特别认为，这本书相比任何其他东西都更能把我放在一个**公正、真实**的位置和角度。他还告诉我，这本书已经让**他**在这个国家处于一个更有利的位置。"

没过几天，埃达的出版物显然也引起了社会上的流言蜚语。她向母亲解释说，她和威廉"绝不想把这件事保密，尽管'我不希望这件事的**重要性**被夸大和高估'"。她认为自己是巴贝奇作品的成功阐释者和诠释者，她将巴贝奇的作品置于一个更广泛的概念框架中，希望巴贝奇的作品能够因此而发扬光大。

关于埃达注释的实际内容，有很多话可说。但在此之前，让我们先把埃达本人的故事讲完。

虽然巴贝奇的序言本身并不是一个好主意，但它为后人做了一件好事，那就是促使埃达于 1843 年 8 月 14 日给巴贝奇写了一封信，这封信长达 16 页，精彩而坦率。（与她通常写在折叠的小纸页上的信不同，这封信是写在大张纸上的。）她在信中解释说，巴贝奇说话往往"很含蓄"，而她自己"总是一个非常'显性的 x 的函数'"。她说："您的事情一直占据着我和洛夫莱斯勋爵的时间和精力……。结果是我为您制订了计划……"然后她继续问道，"如果我在一两年内向您提出关于**实现您的机器**这一明确而光荣的建议……您是否有机会让我……为您处理这项事务，而您自己的**全部**精力则都投入这项工作的执行中去……"

　　换句话说，她基本上是提议自己担任首席执行官，而巴贝奇则成为首席技术官。这并不是一个容易说服巴贝奇的提议，尤其是考虑到巴贝奇的个性。但她巧妙地提出了自己的理由，其中一部分还讨论了两人不同的动机结构。她写道，"我自己毫不妥协的原则是，**在名利和荣耀面前，努力热爱真理和上帝……**"，而"你的原则是热爱真理和上帝……但更热爱**名利和荣耀**"。不过，她解释说："我绝不否认野心和名声的影响，没有人比我自己更受野心和名声的影响……但我当然不会欺骗自己或他人，假装野心和名声不是我性格和天性中一个非常重要的动机和组成部分。"

她在信的结尾写道："我想知道，您是否会继续选择让这位仙女为您服务。"

第二天中午，她再次写信给巴贝奇，询问他是否愿意帮助她进行**"最后的修改"**。然后她又补充道："您今天早上应该已经收到了我的长信。也许您不会选择与我再有任何瓜葛。不过我还是往好处想……"

当天下午 5 点，埃达在伦敦给她母亲写信说："我还不确定巴贝奇的事情将会如何收场……。我已经给他写了信……非常明确地说明了我自己的**条件**……。尽管我要求他做出非常大的让步，但他非常清楚让**我的**笔做他仆人的**好处**，所以他可能会让步。如果他**同意**我的建议，我就有可能帮他避免惹上很多麻烦，并使他的机器得以**圆满完工**（从我最近三个月来对他的观察和他的习惯来看，我几乎不指望他**能**做到这一点，除非有人真的对他施加强有力的胁迫性影响）。他有时极其**粗心大意**，做事**漫不经心**。如果我看到成功的希望，我愿意在未来三年里做他的鞭策者。"

但在巴贝奇所抄写的埃达的信上，他潦草地写道："今早见过A.A.L.，拒绝了所有的条件。"

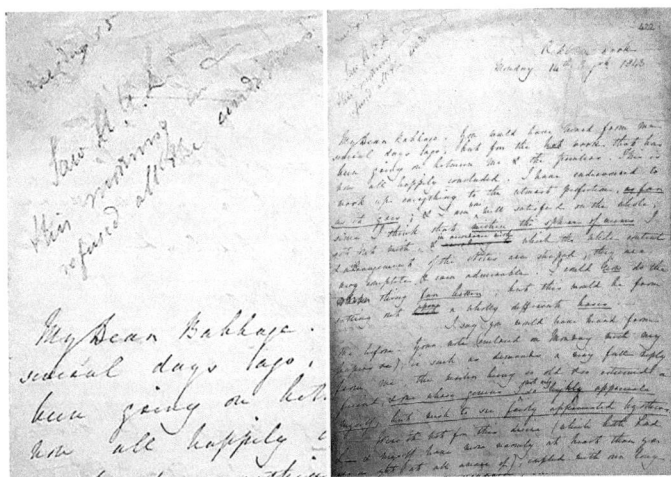

然而，8月18日，巴贝奇写信给埃达，说下次去看她时，他会带上图纸和文件。第二周，埃达写信给巴贝奇说："我们对您（有点**出乎意料**）的提议感到非常高兴。"（提议是指对埃达和她的丈夫进行长时间的拜访。）埃达在给母亲的信中写道："我觉得我和巴贝奇比以前更像朋友了。我从未见过他如此和蔼可亲，如此通情达理，如此神采奕奕！"

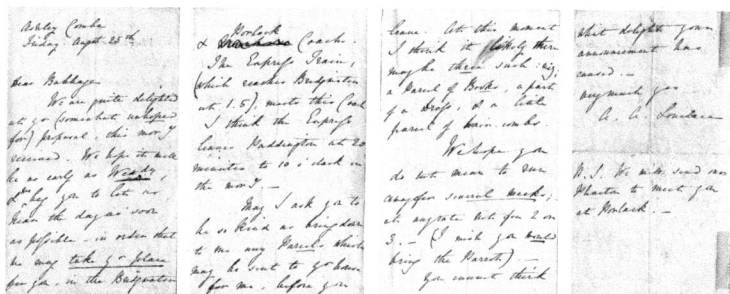

然后，在 9 月 9 日，巴贝奇写信给埃达，表达了对她的钦佩，形容她是"数之女巫"（Enchantress of Number）和"我亲爱的、备受钦佩的翻译"（他的这一形容非常有名）。（是的，尽管被广泛引用的是"Numbers"，但他写的是"Number"。）

第二天，埃达给巴贝奇回信说："您是一个勇敢的人，完全听从了仙女的指引！"巴贝奇在下一封信中的落款是"你忠实的奴仆"。埃达则向母亲描述自己是"巴贝奇机器的高级女祭司"。

论文之后

但不幸的是，故事并没有照此发展。有一段时间，埃达不得不照料家庭事务，她在专注于自己的注释时，把这些事给忽略了。但后来，她的健康状况急转而下，她花了好几个月去看医生并尝试各种"疗法"（她母亲建议用催眠术），同时观察这些疗法对她所说的"世界物质力量中名为 A.A.L. 身体的那部分"的影响。

不过，她仍然对科学充满激情。她与迈克尔·法拉第有过交往，据说法拉第称她为"科学界的**新星**"。她说她的第一本出版物是她的"第一个孩子"，"带有**宏大、概括和形而上学的观点**的色彩和暗流（与其说是明确表达，不如说是**暗示和建议**）"，她还说"他（指这本出版物）将成为一个兄弟姐妹众多的大家庭的出色领袖（我希望如此）"。

当她的注释发表时，巴贝奇曾说："你应该写一篇原创的论文，即便推迟发表也只会使它更加完美。"但到了 1844 年 10 月，戴维·布鲁斯特（David Brewster，万花筒等物的发明者）似乎要写关于分析机的文章了，埃达问布鲁斯特是否可以另外给她建议一个课题，她说："我倒觉得某些生理学的课题会比任何课题都适合我。"

事实上，在那一年的晚些时候，埃达在给一位朋友（也是她的律师，还是玛丽·萨默维尔的儿子）的信中写道："在我看来，对于数学家来说，只要他们能从**正确的角度**审视大脑问题，它并不比**恒星和行星**问题更难以驾驭。我希望能留给后人一部《神经系统演算法》（*Calculus of the Nervous System*）。"这是一个令人印象深刻的愿景，早在 10 年前，乔治·布尔也曾谈论过类似的事情。

巴贝奇和玛丽·萨默维尔的科学出版生涯都是从翻译开始的，埃达认为自己也是如此，她说也许她的下一部作品将是对休厄尔（Whewell）和欧姆（Ohm）的评论，她可能最终会成为一名"科学先知"。

当然，其中也有一些障碍。比如在那个年代，尽管埃达的丈夫通过她的一些助力成了英国皇家学会的会员，但她自己作为一名女性，却无法进入该学会在伦敦的图书馆。但最严重的问题还是埃达的健康。尽管她的身体有一系列的毛病，但在 1846 年的时候，她仍然乐观地说："只需要再耐心**治疗**一两年。"

此外，还有资金上的问题。威廉有一系列永无止境的精心设计的建筑项目（他似乎特别热衷于塔楼和隧道），这些项目往往颇具创意。为了筹措资金，他们不得不向埃达的母亲求助，而埃达的母亲经常刁难他们。埃达的孩子们也即将步入青春期，他们身上出现的许多问题让埃达倍感担忧。

与此同时，她继续与巴贝奇保持着良好的社交关系，频频与他见面，不过在她的信中，谈论更多的则是狗和宠物鹦鹉，而不是分析机。1848 年，巴贝奇萌生了一个疯狂的计划，他要制造一台能玩井字游戏的机器，并在全国巡回演出，以此为他的项目筹集资金。埃达劝他不要那样做。有人提议让巴贝奇与艾伯特亲王会面，讨论他的机器，但该提议最终未能如愿。

威廉还涉足过出版业。他已经写过题为《在同一块土地上种植豆子和卷心菜的方法》和《论饲用甜菜的栽培》[1]之类的短篇报告。在 1848 年，他写了一篇更有分量的文章，根据详细的统计数据，他比较了法国和英国的农业生产力，并提出了如下观点："可以证明的是，比起帝国元气大伤时，法国人不仅生活比英国人糟糕得多，而且吃得更差。"

---

① 原题 "Method of Growing Beans and Cabbages on the same Ground" 和 "On the Culture of Mangold-Wurzel"。——编者注

对于埃达来说，1850 年是个值得一提的年份。她和威廉搬进了伦敦的一处新房子，增加了他们在伦敦科学社交圈的曝光。她第一次拜访了父亲家族在英格兰北部的旧庄园，这给她带来了强烈的情感体验，她为此与母亲发生了争执。她还更深入地参与了赌马，并因此输掉了一些钱。（对于巴贝奇和她来说，发明一些用于赌博的数学方案并不出奇，但没有证据表明他们这么做过。）

1851 年 5 月，世界博览会在伦敦的水晶宫举办。（早在 1 月份埃达参观这个地方时，巴贝奇就建议："请穿上精纺长筒袜和其他一切可以保暖的东西，垫上软木鞋垫。"）这次展览是维多利亚时代科学技术的一个高潮，埃达、巴贝奇和他们的科学社交圈都参与其中（尽管巴贝奇认为他参与得不够多）。巴贝奇分发了许多关于他的机械符号的传单。威廉凭借他的制砖技术获了奖。

但不到一年时间，埃达的健康状况就变得非常糟糕。有一段时间，医生只是让她多去海边走走，但他们最终承认她得了癌症（从我们现在所知道的情况来看，很可能是宫颈癌）。阿片不再能控制她的疼痛，她开始尝试大麻。到了 1852 年 8 月，她写道："我开始理解死亡，它每时每刻都在悄悄地、逐渐地进行着，永远不会是某个特定时刻的事情。"8 月 19 日，她邀请巴贝奇的朋友查尔斯·狄更斯来访，狄更斯为她朗读了自己一本书中关于死亡的描述。

她的母亲搬进了她的房子，让其他人远离她。在 9 月 1 日，埃达做了一次不为人知的忏悔，这显然让威廉感到不安。她似乎离死亡不远了，但她在巨大的痛苦中又坚持了近三个月，最终于 1852 年 11 月 27 日去世，享年 36 岁。护理界的先驱、埃达的朋友弗洛伦丝·南丁格尔写道："他们说，如果不是大脑有强大的生命力，她不可能活这么久，因为大脑不会死去。"

埃达让巴贝奇做了她的遗嘱执行人。而且，让她母亲非常恼火的是，她让人把自己葬在拜伦家族的墓室里，与她的父亲相邻。她和她父亲一样，两个人都享年 36 岁（埃达多活了 266 天）。她的母亲建造了一座纪念碑，其中包括埃达写的一首名为《彩虹》（"The Rainbow"）的十四行诗：

Inscribed by the express direction of
ADA AUGUSTA LOVELACE,
Born December 10th 1816, died November 27th 1852,
To recall her memory.

And the prayer of faith shall save the sick,
And the Lord shall raise him up ;
And if he have committed sins,
They shall be forgiven him.

Bow down in hope, in thanks all ye that mourn
Where'er this peerless arch of radiant hues,
Surpassing earthly tints, the storm subdues
Of Nature's smiles and tears. 'Tis heaven-born
To soothe the sad, the sinning, and forlorn ;
A lovely loving token to inspire
The hope, the faith, that Power divine endues
With latent good the woes by which we're torn.
'Tis like a sweet repentance of the skies,
To beckon all by sense of sin opprest,
Revealing harmony from sin and sighs ;
A pledge that deep implanted in the breast
A hidden light may burn that never dies
And bursts through storms in purest hues exprest.

受托刻制

追忆埃达·奥古丝塔·洛夫莱斯

生于 1816 年 12 月 10 日[①]，死于 1852 年 11 月 27 日

出于信心的祈祷要救那病人，

主必叫他起来，

他若犯了罪，

也必蒙赦免。[②]

心怀希望地鞠躬，感谢你们前来哀悼

无论那无与伦比的虹彩照耀何处，

超越尘世的色调，让暴风雨臣服

这自然的泪与笑。虹彩自天堂照耀

抚平忧伤，消弭罪行，宽慰寂寥；

一件可爱的爱之信物，激起

希望与信仰，那神圣的力量发出

潜藏的善意，带我们挣脱苦难困扰。

如天空的忏悔，甜蜜婉转，

为被罪恶感压迫之人指明方向，

揭示和谐，在罪恶与叹息之间；

那誓言深植于胸膛

埋藏的心火永不消散

冲破风暴，纯净光芒终将绽放。

---

① 埃达生于 1815 年，此处所引资料年份或有误。——编者注
② 出自《圣经·新约·雅各书》第五章。——译者注

余波

埃达的葬礼规模很小，她的母亲和巴贝奇都没有出席。但讣告的内容却很亲切，甚至带有维多利亚时代的感情色彩：

LADY LOVELACE.

WHO has not felt an interest in the only child of Byron, the Ada whose name is so caressed in his verse, and a lock of whose hair is the subject of a touching passage in his letters ? Who has not felt at least a curiosity to know what features of genius and character had descended from the father to the daughter? The Countess of Lovelace was thoroughly original, and the poetic temperament was all that was hers in common with her father. Her genius, for genius she possessed, was not poetic, but metaphysical and mathematical, her mind having been in the constant practice of investigation, and this with rigorous exactness. With an understanding thoroughly masculine in solidity, grasp, and firmness, Lady Lovelace had all the delicacies of the most refined female character. Her manners, her tastes, her accomplishments, in many of which, Music especially, she was a proficient, were feminine in the nicest sense of the word ; and the superficial observer would never have divined the strength and the knowledge that lay hidden under the womanly graces. Proportionate to her distaste for the frivolous and commonplace was her enjoyment of true intellectual society, and eagerly she sought the acquaintance of all who were distinguished in science, art, and literature. But from this pleasure, and all else, in the prime of life she has been cut off. She bore a long and painful illness with the fortitude, the heroism belonging to her character. We need not add to this feeble, imperfect tribute how deeply she must be mourned by all honoured with her friendship—a friendship so cordial, so frank.

> ### 洛夫莱斯夫人
>
> 有谁不曾对拜伦的独生女埃达感兴趣呢？她的名字在他的诗中被如此呵护，他的信中也有一段关于她一缕头发的感人描写。谁不对她感到好奇，哪怕仅仅是好奇父亲到底遗传给女儿什么样的天赋和性格呢？洛夫莱斯伯爵夫人是非常独特的，她与父亲共同拥有的只有诗意的气质。她的天赋——她确实拥有天赋——不是诗意的，而是形而上学和数学的，她的思维一直在不断地严谨地探究。洛夫莱斯夫人的理解力非常坚实、广泛和坚定，完全具备男性的特质，但她也拥有最精致的女性的特质。她的举止、品味和造诣，在许多方面，尤其是从音乐上来说，都说明她是一位行家，用好听点的话来说，是女性化的。肤浅的观察者永远无法揣测出隐藏在女性魅力下的力量和知识。与她对轻浮和平庸的厌恶相应的，是她对真正的知识分子社交的享受，她热切地寻求与在科学、艺术和文学方面有杰出成就的人结识。但在她的黄金岁月里，她被剥夺了这种乐趣和一切其他事物。她以坚韧和英勇的品格忍受了漫长而痛苦的疾病。我们不需要再为这种微弱而不完美的致敬补充什么了，她的朋友们一定会为她深感悲痛——这是一种如此诚挚、如此坦率的友谊。

威廉比埃达多活了 41 年，并且最终再婚。埃达的大儿子曾与她有过多次矛盾，在她去世前几年加入了海军，但后来又离开了。埃达认为他可能去了美国（可以确定他 1851 年时在旧金山），但事实上，他 26 岁在英国一家造船厂工作的时候死了。埃达的女儿嫁给了一位有点儿放荡的诗人，在中东生活了很多年，成为世界上最重要的阿拉伯马饲养者。埃达最小的儿子继承了家族爵位，并且大部分时间都在家族的庄园里度过。

埃达的母亲于 1860 年去世，但即便在那时，关于她和拜伦的流言蜚语仍不绝于耳，书籍和文章层出不穷，包括 1870 年哈丽雅特·比彻·斯托（Harriet Beecher Stowe）写的《拜伦夫人的辩护》（*Lady Byron Vindicated*）。1905 年，也就是埃达最小的儿子（他基本上是由埃达的母亲抚养长大的）去世的前一年，他出版了一本关于整件事情的书，书中写有这样的话："拜伦勋爵的一生除了不该说的事之外，没有任何值得关注的事。"

埃达去世时，她周围似乎笼罩着一种丑闻的气氛。她有过外遇吗？她欠下巨额赌债了吗？这两者都没有充分的证据。也许这是她父亲"坏男孩"形象的映射。但没过多久，就有人说她把家传珠宝典当了（而且是两次！），也可能是弄丢了，还有人说她赌马输了 2 万英镑，甚至可能输了 4 万英镑（大约相当于今天的 700 万美元）。

尽管埃达的母亲和埃达最小的儿子似乎都反对，但还是无济于事。在 1852 年 9 月 1 日，也就是她向威廉忏悔的同一天，埃达写道："我恳切地请求所有收到过我的信的朋友，在我死后将信交给我的母亲诺埃尔·拜伦夫人 ①。"巴贝奇拒绝了，但其他人遵守了这一请求。后来，当埃达的儿子整理这些信件时，他销毁了其中一部分。

但是，埃达仍然有成千上万页的文件散落在世界各地。来来回回的信件读起来就像现代文字流，或安排会议，或提及感冒和其他疾病。查尔斯·巴贝奇抱怨邮政服务。希腊的三个姐妹向埃达要钱，因为她们死去的哥哥曾是拜伦勋爵的侍从。查尔斯·狄更斯谈论洋

---

① 诺埃尔（Noel）是来自埃达母亲家族的姓氏。——编者注

甘菊茶。埃达在英国帕丁顿车站遇见的人寄来的寒暄。还有家庭账目，包括便笺纸、音乐家和姜味饼干等项目。此外，还夹杂着关于分析机和其他许多事情的严肃学术讨论。

巴贝奇怎样了

那么，巴贝奇又怎样了？他在埃达去世后又活了 18 年，于 1871 年去世。1856 年，他再次尝试研究分析机，但没有取得重大进展。他写了一些论文，题目包括《关于灯塔的统计》《平板玻璃窗破裂原因出现的相对频率表》《关于人类艺术遗迹与已灭绝动物种族骨骼的混合》[①]。

1864 年，他出版了自传《一个哲学家的人生阶段》（*Passages from the Life of a Philosopher*），这是一本奇怪而又相当辛酸的书。关于分析机这一章的开头引用了拜伦的一句诗——"人们犯下的错，必遭时间报复"，并由此展开。还有几章是关于"戏剧体验"、"给旅行者的提示"（包括如何在欧洲买到一辆类似房车的马车的建议）的，也许最奇特的是关于"街头滋扰"的。出于某种原因，巴贝奇发起了一场反对街头音乐家的运动，他声称这些音乐家每天早上 6 点就把他吵醒，并导致他损失了四分之一的工作时间。人们不禁要问，他为什么没有发明一种掩盖声音的解决方案。他的运动是如此引人注

---

① 原题分别为 "On the Statistics of Light-Houses" "Table of the Relative Frequency of Occurrences of the Causes of Breaking Plate-Glass Windows" "On Remains of Human Art, Mixed with the Bones of Extinct Races of Animals"。——编者注

目，又是如此古怪，以至于他去世时，这成了他讣告的主要内容。

　　巴贝奇在妻子死后没有再婚，他的晚年似乎一直很孤独。当时的一个八卦专栏记录了人们对他的印象：

196　A TWILIGHT GOSSIP WITH THE PAST

A TWILIGHT GOSSIP WITH THE PAST.　197

　　……巴贝奇不愧是一流的玩家。

　　我①从安德鲁（Andrew）爵士那里听到了这个故事，我确信这个故事已经在其他地方讲过了，说的是休厄尔、皮科克和巴贝奇一起走过剑桥大学三一学院的四方院子时，皮科克说："我想我们可以自豪地说，我们是大学里最丑的三个家伙。""你就说你自己吧，皮科克先生。"休厄尔显然很恼火地反驳道，转身离开了他的朋友们，他们思考着"人物的特点是如何从细节中显现出来的"。

---

① 本文作者科妮莉亚·A. H. 克罗斯（Cornelia A. H. Crosse），传记作家。文章可见于其著作《我生命中的大日子（第 2 册）》（*Red Letter Days of My Life, Volume 2*）。——编者注

　　我必须承认，巴贝奇是一个朴实的人，他是三个人中最朴实的一个。我认为，他一直保持得很好，在我认识他的二十五年时间里，他几乎没有什么变化。19 世纪 60 年代初的一天晚上，金莱克（Kinglake）小姐和我去巴贝奇先生家喝茶。他答应给我们看一些关于洛夫莱斯夫人的数学研究的有趣文件，并且没有其他客人。巴贝奇先生的房子位于曼彻斯特广场的多塞特街，长期以来一直是沃拉斯顿（Wollaston）博士的住所。这是一座大而杂乱的伦敦的房子，有几个宽敞的客厅，除了起居室外，所有的房间都堆满了书籍、文件和设备，看起来杂乱无章，但这位哲学家知道每样东西放在哪里。他在他不常用的起居室里接待我们，这个房间看起来非常阴暗，家具带着古老和做作的拘谨，没有一丝家常使用的痕迹。没有人会像乔叟（Chaucer）笔下的修道士那样把猫赶下最舒适的椅子，因为那里根本没有这样的椅子。那个地方只有四支蜡烛微弱地照亮着，壁炉黑漆漆的，没有火，因为还不是冬天。柯勒律治（Coleridge）说他不相信鬼魂，因为他见过太多了。但是，大胆的怀疑论也没能让我摆脱那时令人毛骨悚然的感觉。每一把椅子都有它的幽灵，我想象着薄弱的、无形的形体拥挤在房间的另一端。玻璃会反射影像，这句话是不是个骗局？虽然只有我一个人站在前面，但有没有可能玻璃反射出来的影像不是我本人？我倾向于认为，那令人困惑和讨厌的"春季大扫除"可能会纠正对这面幽灵般的镜子的错误印象，但这也是事后的想法了。

　　我一生中没有经历过比我现在描述的这个晚上更非同寻常和重要的了。巴贝奇先生已经到了"唠叨老头儿"的年龄，乐于交流；我的朋友金莱克小姐，凭借年龄的特权，毫不保留地提出了一些问题，使我们的主人讲起自己的故事。他告诉我们，他不仅因为对计算机器的痴迷削减了他的私人财富，而且为了这个向往，他放弃了家庭生活的所有乐趣和舒适。他很早结婚，但妻子在他年轻时去世了。他表现出一种我从未将其与一个身穿犬儒主义盔甲的哲学家联系起来的情感深度，悲哀地抱怨他命运的孤独。"当然，"他说，"我非常喜欢家庭生活，如果不是因为我的机器，我应该会再结婚的。"

巴贝奇先生对他的早年生活总是讳莫如深，以至于人们普遍认为他出身卑微。事实并非如此。他于 1792 年 ① 出生在英国托特尼斯的一座古老的豪宅中。二十年前，它被称为"城堡酒店"，或许现在仍然如此。他的父亲是一位富有的银行家，被镇上的人戏称为"老五分之一"（Old Five Per Cents），因为他经常谈论金钱事务。这位杰出的数学家的母亲很长寿，我从那些记得早年时光的人那里听说过，人们偶尔会在巴贝奇于 19 世纪 40 年代举办的辉煌招待会上看见她，就坐在像我们此时所在的这个同样沉闷、阴森恐怖的房间里，周围的帷幔已经褪色，镀金的墙面也已经斑驳。在过去的日子里，这位儿子最大的乐趣就是带领他最杰出的客人去见他的母亲，这位朴实的老太太就坐在硬背沙发椅上——这是贵宾席。

在这个难忘的晚上，他提到了他的母亲。他说当时这台机器已经花费了他个人 2 万英镑，在关于他是否应该进一步追加投入的问题上，这位老太太说出了在我们这些节约的人中极其罕见的话，巴贝奇复述了她的回答："我亲爱的儿子，你有一个值得你野心追求的伟大目标。我的建议是，即使这可能迫使你只能吃面包和奶酪，也要追求它。"巴贝奇在他的《一个哲学家的人生阶段》中提到了这件事。我很清楚地记得安德鲁·拉姆齐（Andrew Ramsay）爵士高度称赞了这本书，说它是一本能长期吸引人的自传体作品，并且补充说，世界的进步往往更多归功于一个人的思想，而不是他所完成的工作。当然，这是指计算机器，它在我看来似乎是他生活的祸根。我不是数学家，说这话是不配的。但是凭借巴贝奇的伟大才能和实践能力，他的国家更愿意将他的名字与其他东西联系在一起，而不是一次壮丽的失败。……

显然，他很喜欢说，如果能在 500 年后的未来度过哪怕只是 3 天的时光，他也愿意欣然放弃自己的余生。他死后，他的大脑被保存了下来，并且至今仍在展览……

---

① 1871 年英国《泰晤士报》发布的巴贝奇讣告，将其生年写为 1792 年，后经证实，应为 1791 年。

——编者注

尽管巴贝奇没能制造完成他所设计的差分机，但一家瑞典公司完成了它，甚至已经在世界博览会上展出了其中的一部分。巴贝奇去世后，他的差分机项目中的许多文件和零部件转交给了他的儿子亨利·巴贝奇（Henry Babbage）少将。亨利出版了其中一些文件，并私下组装了一些设备，包括分析机的"磨坊"（Mill，即运算单元）的一部分。与此同时，巴贝奇时代制造的差分机的残存部分被收藏在伦敦的科学博物馆。

重新发现

巴贝奇去世后，他在他的机器方面的毕生工作几乎被人遗忘了（尽管 1911 年的《不列颠百科全书》等还有提及）。尽管如此，机械计算机仍在继续发展，逐渐让位于机电计算机，最终被电子计算机所取代。20 世纪 40 年代，当人们开始理解编程时，巴贝奇的工作和埃达的注释被重新发现。

人们知道"AAL"代表埃达·奥古丝塔·洛夫莱斯，她是拜伦的女儿。艾伦·图灵读过她的注释，并在 1950 年的图灵测试论文上创造了"洛夫莱斯夫人的异议"（Lady Lovelace's Objection，即"人工智能无法创造任何东西"）这个术语。但在当时，埃达本人在很大程度上还只是一个脚注。

一位名叫伯特伦·鲍登（Bertram Bowden）的英国核物理学家进入了计算机行业，最终成为英国科学和教育部部长，是他"重新发现"了埃达。在为他 1953 年出版的《比思考更快》(*Faster Than Thought*，没错，是关于计算机的）一书做研究时，他找到了埃达的外孙女温特沃思夫人，她向他讲述了关于埃达的家族传说，有准确的，也有不准确的，并让他看了一些埃达的论文。有趣的是，鲍登注意到，在埃达的外孙女的《纯种赛马》(*Thoroughbred Racing Stock*）一书中，使用了二进制来计算血统。当然，埃达和分析机所使用的是十进制，还没有考虑二进制。

但即使是在 20 世纪 60 年代，巴贝奇和埃达也并不出名。巴贝奇的差分机原型曾被赠送给伦敦的科学博物馆，我在 20 世纪 60 年代还是个孩子时经常去科学博物馆，我很确定我从来没有在那里看到过它。不过，到了 20 世纪 80 年代，特别是在美国国防部以埃达的名字为其命运多舛的编程语言[①]命名之后，人们对埃达·洛夫莱斯和查尔斯·巴贝奇的认识开始增加，传记也开始出现，不过有时会出现一些匪夷所思的错误（我最喜欢的是，有人提到，在巴贝奇的一封信中提到的"三体问题"表明巴贝奇、埃达和威廉之间存在三角感情关系，而它实际上指的是天体力学中的三体问题！）。

随着人们对巴贝奇和埃达的兴趣与日俱增，人们也越来越好奇，如果按照巴贝奇的计划建造差分机，它是否真的能够工作。2002 年，一个项目启动了，经过艰苦的努力，一台完整的差分机被制造了出来，只对方案做了一处修正。令人惊讶的是，这台机器居然真的可以运行。考虑通货膨胀因素，建造这台机器的成本与巴贝奇在 1823 年向英国政府提出的要求大致相同。

---

① 即 Ada 语言。——编者注

那分析机呢？到目前为止，还没有一台真正的分析机被制造出来，甚至没有完全模拟出来。

埃达究竟写了什么

好了，既然我已经（详细）介绍了埃达·洛夫莱斯的生平，那么她关于分析机的注释的实际内容又是什么呢？

它的开头很清晰："差分机是用来计算特定函数的积分并制作表格的，该函数是……"她接着解释说，差分机可以计算任何六次多项式的值，但分析机则不同，因为它可以执行任何运算序列。或者，正如她所说："分析机是**运算科学的具体体现**，它在构建时特别参考了抽象的数作为运算对象。而差分机则是一组特定且非常有限的运算的具体体现……"

考虑到我在 Mathematica 上花了这么多年的时间，至少对我来说，令人高兴的是，她在后面的一段话中继续说道："我们可以将机器视为**分析的物质和机械代表**，通过机器我们能够完全控制代数和数值符号的执行运算，从而使我们在人类研究的这一领域的实际工作能力，比以往更有效地跟上我们对其原理和法则的理论认识。"

稍后，她又解释说，打孔卡片是控制分析机的方式，然后她发表了一个经典声明："分析机**编织代数模式**，就像雅卡尔提花机编织花朵和叶子一样。"

然后，埃达详细介绍了一系列特定类型的计算如何在分析机上

工作，其中"运算卡片"定义了要执行的运算，"变量卡片"定义了
值的位置。埃达谈到了"循环"和"循环的循环"等，也就是现在
所说的循环和嵌套循环，并给出了相应的数学符号：

(6.)　　　$(\div), \sum(+1)^p (\times, -)$ or $(1), \sum(+1)^p (2, 3),$

where p stands for the variable ; $(+1)^p$ for the function of the variable,
that is, for ϕp ; and the limits are from 1 to p, or from 0 to $p-1$,
each increment being equal to unity.　Similarly, (4.) would be,—

(7.)　　　　$\sum(+1)^n \left\{ (\div), \sum(+1)^p (\times, -) \right\}$

the limits of n being from 1 to n, or from 0 to $n-1$,

(8.)　　　or $\sum(+1)^n \left\{ (1), \sum(+1)^p (2, 3) \right\}.$

在埃达的注释中有很多看起来很现代的内容。她评论说："有一
幅美丽的雅卡尔提花机编织的画像，制作它需要 2.4 万张卡片。"然
后，她讨论了使用循环来减少所需卡片数量的想法，以及重新排列
运算以优化其在分析机上的执行的价值，最终表明只需 3 张卡片就
能完成看似需要 330 张卡片才能完成的工作。

埃达谈到了分析机在计算以往无法计算的东西方面所能达到的
程度，至少在精确度上是如此。作为例子，她讨论了三体问题，以
及在她那个时代，在"大约 295 个月球摄动系数"中，许多系数经
由不同的人计算所得的结果并不一致。

最后是埃达的注释 G。她早期就说过："分析机并不自诩能**创造**
任何东西。我们**知道如何命令它**做什么，它就能做什么。……它的
职责是帮助我们了解我们已经熟悉的东西。"

埃达似乎对编程的传统观点有了较为清晰的理解：我们设计程

序来做我们知道如何做的事情。但她也指出，在实际把"真理和分析公式"变成一种适合机器的形式时，"这门科学中许多主题的性质必然会被置于新视角，并得到更深刻的研究"。换句话说，正如我经常指出的那样，实际上编程不可避免地会让人对其进行更多的探索。

她接着说："在为数学真理设计一种新的形式来记录和投入实际使用时，很可能会引发一些观点，而这些观点又可能会对这门学科更为理论的阶段产生影响。"或者换句话说，正如我经常说的那样，以可计算的形式来表示数学真理可能有助于人们更好地理解这些真理本身。

不过，埃达似乎明白，由机器所实现的"运算科学"不仅适用于传统的数学运算。例如，她指出，如果"和声学中音高的基本关系"可以进行抽象运算的话，那么机器就可以利用它们"创作出任何复杂程度或范围的精致而科学的音乐作品"。对于 1843 年来说，这样的理解水平还不错。

伯努利数的计算

在埃达所写的文章中，最著名的部分是注释 G 中关于伯努利数的计算。这似乎源于 1843 年 7 月她写给巴贝奇的一封信。她在信的开头写道："我很努力地为你工作着。事实上，我就像魔鬼一样（也许我就是魔鬼）。"然后，她要求巴贝奇提供一些具体的参考资料。最后她说："我想在我的一处注释中加入一些关于伯努利数的内容，作为一个例子，说明如何通过机器计算出隐函数，而无须先通过人的头脑和双手计算出来……。请你给我必要的数据和公式。"

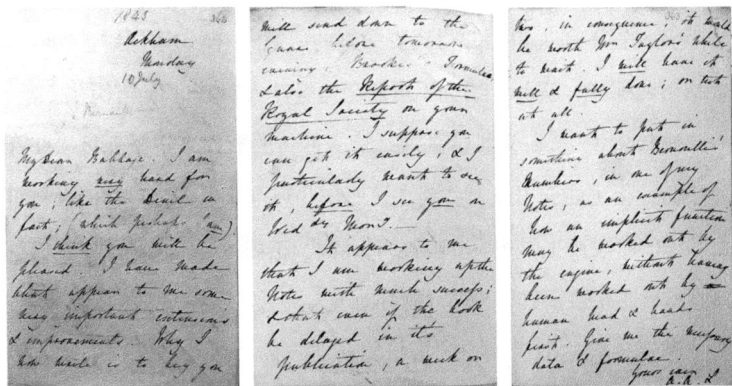

埃达用伯努利数来展示分析机是一个有趣的选择。早在 17 世纪，人们耗费毕生的时间来制作整数幂和的表格，换句话说，列出不同 m 和 n 的 $\sum_{k=1}^{m} k^n$ 的值。但雅各布·伯努利（Jacob Bernoulli）指出，所有这些和都可以表示为 m 的多项式，其系数与现在所谓的伯努利数有关。1713 年，伯努利自豪地说，他"在 15 分钟内"计算出了前 10 个伯努利数，再现了其他人多年的工作成果。

当然，今天用 Wolfram 语言进行计算是可以瞬间完成的：

In[1]:= **Table[BernoulliB[n], {n, 0, 10}]**

Out[1]= $\left\{ 1, -\dfrac{1}{2}, \dfrac{1}{6}, 0, -\dfrac{1}{30}, 0, \dfrac{1}{42}, 0, -\dfrac{1}{30}, 0, \dfrac{5}{66} \right\}$

碰巧的是，几年前，为了展示新的算法，我们甚至计算了 1000 万个伯努利数。

那么，埃达打算怎么做呢？她从伯努利数出现在级数展开式中这样的事实出发：

$$\frac{x}{e^x - 1} = \sum_{n=0}^{+\infty} \frac{B_n x^n}{n!}$$

然后，通过重新排列并匹配 x 的幂次，她得到了一系列伯努利数 B_n 的方程，然后她将其"展开"，得到了一个递推关系式：

$$B_n = \frac{1}{n+1} \sum_{k=0}^{n-1} \binom{n+1}{k} B_k$$

现在埃达必须说明如何在分析机上实际计算这个问题。首先，她利用（除 B_1 外的）奇伯努利数为零的事实计算出 B_n，即我们现代的 B_{2n}（或 BernoulliB[2n]）。然后，她从 B_0 开始，对较大的 n 依次计算 B_n，并存储每个结果。她用于计算的算法（用现代方法来描述）是[①]：

```
B[0]=1
B[n_]:=
  B[n]=1/2(2n-1)/(2n+1)-Sum[B[j]Product[i,{i,2n-2j+2,2n}]/Product[i,{i,2j}],{j,n-1}]
```

在分析机上，我们的想法是进行一系列由"磨坊"来执行的运算（由运算卡片指定），这些运算数来自"仓库"（Store，即存储单元，地址由变量卡片指定）。（在"仓库"中，每个数由一系列轮子表示，每个轮子转到每位数字的对应值。）以埃达想要的方式计算伯努利数

[①] 这里用 Wolfram 语言对这一算法进行了说明。"B[n]"表示伯努利数 B_n，"Sum"和"Product"分别为求和与连乘。这段代码首先指定伯努利数第一项为 1，然后定义了一个用于求伯努利的递归函数。——编者注

需要两个嵌套的循环运算。在当时的分析机设计下，埃达基本上不得不展开这些循环。但她最终成功地描述了如何计算 B_8（她称之为 B_7）：

这实际上是在分析机上运行程序的执行轨迹，共 25 步（加一个循环）。在每一步中，轨迹显示了对哪些变量卡片执行了哪些运算，以及哪些变量卡片收到了运算结果。由于缺乏循环的符号表示，埃达只能使用大括号在执行轨迹中表示循环，并用英语指出重复的部分。

最后，计算的最终结果出现在位置 24 上：

In[2]:= **BernoulliB[8]**

Out[2]= $-\dfrac{1}{30}$

正如打印出来的那样，埃达的执行轨迹在第 4 行出现了一个错误：分数上下颠倒了。但如果修正了这个错误，就可以很容易地得到一个现代版的埃达算法：

	运算	数据			工作变量										结果			
		V_1	V_2	V_3	V_4	V_5	V_6	V_7	V_8	V_9	V_{10}	V_{11}	V_{12}	V_{13}	V_{21}	V_{22}	V_{23}	V_{24}
		1	2	4	0	0	0	0	0	0	0	0	0	0	B_1	B_3	B_5	B_7
1	$V_4=V_5=V_6=V_2 \times V_3$	1	2	4	8	8	8	0	0	0	0	0	0	0				
2	$V_4=V_4-V_1$	1	2	4	7	8	8	0	0	0	0	0	0	0				
3	$V_5=V_5+V_1$	1	2	4	7	9	8	0	0	0	0	0	0	0				
4	$V_{11}=V_4/V_5$	1	2	4	0	9	8	0	0	0	0	$\frac{7}{9}$	0	0				
5	$V_{11}=V_{11}/V_2$	1	2	4	0	9	8	0	0	0	0	$\frac{7}{18}$	0	0				
6	$V_{13}=V_{13}-V_{11}$	1	2	4	0	9	8	0	0	0	0	0	0	$-\frac{7}{18}$				
7	$V_{10}=V_3-V_1$	1	2	4	0	9	8	0	0	0	3	0	0	$-\frac{7}{18}$				
8	$V_7=V_2-V_7$	1	2	4	0	9	8	2	0	0	3	0	0	$-\frac{7}{18}$				
9	$V_{11}=V_6/V_7$	1	2	4	0	9	8	2	0	0	3	4	0	$-\frac{7}{18}$				
10	$V_{12}=V_{21} \times V_{11}$	1	2	4	0	9	8	2	0	0	3	4	$\frac{2}{3}$	$-\frac{7}{18}$	$\frac{1}{6}$			
11	$V_{13}=V_{12}+V_{13}$	1	2	4	0	9	8	2	0	0	3	4	0	$\frac{5}{18}$				
12	$V_{10}=V_{10}-V_1$	1	2	4	0	9	8	2	0	0	2	4	0	$\frac{5}{18}$				
13	$V_8=V_6-V_1$	1	2	4	0	9	7	2	0	0	2	4	0	$\frac{5}{18}$				
14	$V_7=V_1+V_7$	1	2	4	0	9	7	3	0	0	2	4	0	$\frac{5}{18}$				
15	$V_8=V_6/V_7$	1	2	4	0	9	7	3	$\frac{7}{3}$	0	2	4	0	$\frac{5}{18}$				
16	$V_{11}=V_8 \times V_{11}$	1	2	4	0	9	7	3	$\frac{7}{3}$	0	2	$\frac{28}{3}$	0	$\frac{5}{18}$				
17	$V_6=V_6-V_1$	1	2	4	0	9	6	3	0	0	2	$\frac{28}{3}$	0	$\frac{5}{18}$				
18	$V_7=V_1+V_7$	1	2	4	0	9	6	4	0	0	2	$\frac{28}{3}$	0	$\frac{5}{18}$				
19	$V_9=V_6/V_7$	1	2	4	0	9	6	4	0	$\frac{3}{2}$	2	$\frac{28}{3}$	0	$\frac{5}{18}$				
20	$V_{11}=V_9 \times V_{11}$	1	2	4	0	9	6	4	0	0	2	14	0	$\frac{5}{18}$				
21	$V_{12}=V_{22} \times V_{11}$	1	2	4	0	9	6	4	0	0	2	14	$-\frac{7}{15}$	$\frac{5}{18}$		$-\frac{1}{30}$		
22	$V_{13}=V_{12}+V_{13}$	1	2	4	0	9	6	4	0	0	2	14	0	$-\frac{17}{90}$				
23	$V_{10}=V_{10}-V_1$	1	2	4	0	9	6	4	0	0	1	14	0	$-\frac{17}{90}$				
24	$V_6=V_6-V_1$	1	2	4	0	9	5	4	0	0	1	14	0	$-\frac{17}{90}$				
25	$V_7=V_1+V_7$	1	2	4	0	9	5	5	0	0	1	14	0	$-\frac{17}{90}$				
26	$V_8=V_6/V_7$	1	2	4	0	9	5	5	1	0	1	14	0	$-\frac{17}{90}$				
27	$V_{11}=V_8 \times V_{11}$	1	2	4	0	9	5	5	0	0	1	14	0	$-\frac{17}{90}$				
28	$V_6=V_6-V_1$	1	2	4	0	9	4	5	0	0	1	14	0	$-\frac{17}{90}$				
29	$V_7=V_1+V_7$	1	2	4	0	9	4	6	0	0	1	14	0	$-\frac{17}{90}$				
30	$V_9=V_6/V_7$	1	2	4	0	9	4	6	0	$\frac{2}{3}$	1	14	0	$-\frac{17}{90}$				
31	$V_{11}=V_9 \times V_{11}$	1	2	4	0	9	4	6	0	0	1	$\frac{28}{3}$	0	$-\frac{17}{90}$				
32	$V_{12}=V_{23} \times V_{11}$	1	2	4	0	9	4	6	0	0	1	$\frac{28}{3}$	$\frac{2}{9}$	$-\frac{17}{90}$			$\frac{1}{42}$	
33	$V_{13}=V_{12}+V_{13}$	1	2	4	0	9	4	6	0	0	1	$\frac{28}{3}$	0	$-\frac{1}{30}$				
34	$V_{10}=V_{10}-V_1$	1	2	4	0	9	4	6	0	0	0	$\frac{28}{3}$	0	$-\frac{1}{30}$				
35	$V_{24}=V_{13}+V_{24}$	1	2	4	0	9	4	6	0	0	0	$\frac{28}{3}$	0	$-\frac{1}{30}$				$-\frac{1}{30}$
36	$V_3=V_1+V_3$	1	2	5	0	9	0	0	0	0	0	$\frac{28}{3}$	0	$-\frac{1}{30}$				

下面是用同样方法计算后两个（非零）伯努利数的结果。正如埃达所指出的那样，计算更靠后的伯努利数最终并不需要更多的工作变量（由变量卡片指定），只需要更多的运算。

1843 年设计的分析机应该可以存储 1000 个 40 位数，原则上可以计算到 B_{50}（$= 495\ 057\ 205\ 241\ 079\ 648\ 212\ 477\ 525\,/\,66$）。它的速度也相当快，其设计目标是每秒进行约 7 次运算。所以埃达的 B_8 运算大概花了 5 秒钟，而 B_{50} 运算可能需要 1 分钟。

奇怪的是，即使在几年前我们创纪录的伯努利数计算中，我们使用的算法也基本上与埃达相同，尽管现在有了稍微快一点的算法，可以有效地计算伯努利数的分子对一系列质数进行模运算的结果，然后使用中国剩余定理（也称孙子定理、中国余数定理）重构完整的数。

巴贝奇 vs 埃达?

分析机及其构造都是巴贝奇的工作。那么埃达又补充了什么呢？埃达认为自己首先是一个阐释者。巴贝奇曾给她看了很多分析机的图纸和例子。她想解释它们的总体要点是什么，并将其与“宏大、概括和形而上学的观点”联系起来。

在现存的巴贝奇论文档案（多年后在其律师家的牛皮行李箱中被发现）中，有大量关于分析机的阐述草稿，这些草稿从 19 世纪 30 年代开始，一直持续了几十年，标题包括《关于分析机》（“Of the Analytical Engine”）和《将数的科学归约为机械》（“The Science of Number Reduced to Mechanism”）。我们尚不清楚为什么巴贝奇从未发表过这些作品。它们似乎是对分析机基本运作原理的完美描述，尽管与埃达的作品相比，这些描述无疑更加乏善可陈。

巴贝奇去世时，他正在写一本关于分析机的历史的书，他的儿子完成了这本书[1]。在这本书中，有一份注明日期的清单，列出了"446 种分析机符号"，每一种符号基本上都代表了如何在分析机上进行某种运算，比如除法。日期从 19 世纪 30 年代开始，一直持续到 19 世纪 40 年代中期，其中 1843 年夏天列示的符号并不多。

同时，在英国科学博物馆收藏的巴贝奇的论文中，有一些关于分析机的更高级运算的草图。例如，1837 年的草图中，有"两个一阶方程之间的消元"，这本质上是对有理函数的求值：

---

[1] 他的儿子即前文提到的亨利·巴贝奇，最终成书为《巴贝奇的计算机器》（*Babbage's Calculating Engines*）。——编者注

有几个非常简单的递推关系：

然后，1838 年，有两个多项式乘积的系数的计算：

但是，没有任何一项工作能像埃达对伯努利数的计算那样复杂或清晰了。巴贝奇当然对埃达的工作有所帮助和评论，但埃达绝对是这项工作的推动者。

那么巴贝奇对此有什么说法呢？在他 26 年后所写的自传中，他很难对任何人或任何事说上几句好话。关于埃达的注释，他写道："我们一起讨论了可能引入的各种插图：我建议了几个，但选择完全是她自己做出的。不同问题的代数解法也是如此，除了与伯努利数有关的问题是我提出来要做的，好给洛夫莱斯夫人省点事。她发现我在处理过程中犯了一个严重的错误，于是将其发回给我修改。"

当我第一次读到这些内容时，我以为巴贝奇是在说他基本上是埃达注释的代笔者。但当我再次阅读他写的内容时，我发现除了提出了一些埃达可能用到也可能用不到的建议之外，他几乎什么也没说。

在我看来，事情的真相毋庸置疑：埃达对分析机应该具备的能力有了想法，并向巴贝奇提出了如何实现这一目标的问题。根据我自己与现代硬件设计师打交道的经验，这些问题的答案往往会非常详细。埃达的成就是从这些细节中提炼出对机器抽象运算的清晰阐述，而这是巴贝奇从未做过的。（在他的自传中，他基本上只是提到了埃达的注释。）

巴贝奇的秘密武器

尽管巴贝奇有种种缺点，但他能造出一台可以正常工作的差分机，更不用说一台分析机了，这一事实本身就给人留下了极为深刻的印象。那么，他是如何做到的呢？我认为关键在于他那所谓的机械符号。1826 年，他在题为《关于用符号表示机械行为的方法》（"On a Method of Expressing by Signs the Action of Machinery"）一文中首次把它写了出来。他的想法是将机器的详细结构抽象成一种符号图，说明其部件之间是如何相互作用的。他的第一个例子是液压装置：

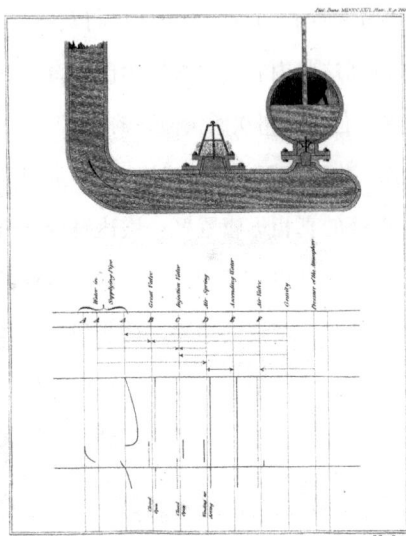

然后，他又举了一个时钟的例子，左边展示了时钟各组件变化的一种"执行轨迹"，右边展示了它们之间关系的一种"块状图"：

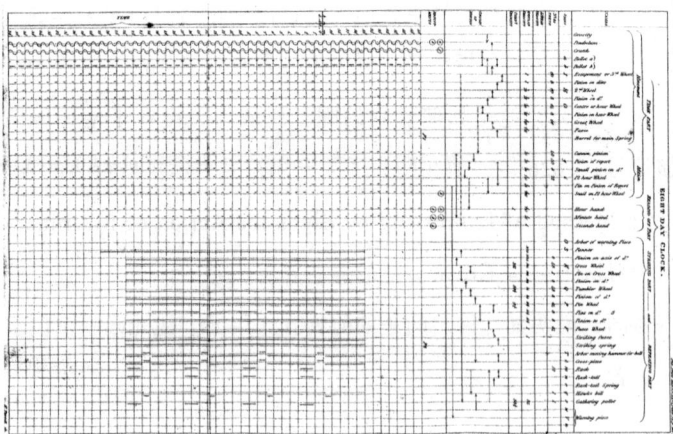

这是一种表示系统如何工作的很好的方式，在某些方面类似于现代的定时图，但又不完全相同。在巴贝奇研究分析机的这些年里，他的笔记中出现了越来越复杂的图表。我们目前还不太清楚像下图这样的图表是什么意思：

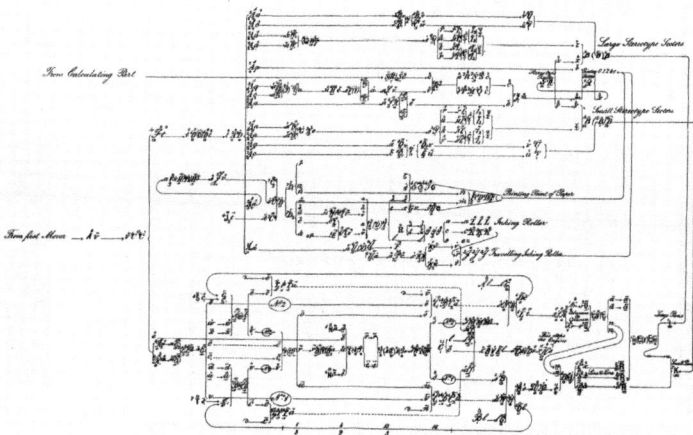

但它看起来却与现代 Modelica 表示法（比如在 Wolfram System-Modeler 中）惊人地相似。（现代的一个不同之处是子系统的表示层次更加分明；另一个不同之处是现在所有东西都是可计算的，因此可以通过表示方法来模拟系统的实际行为。）

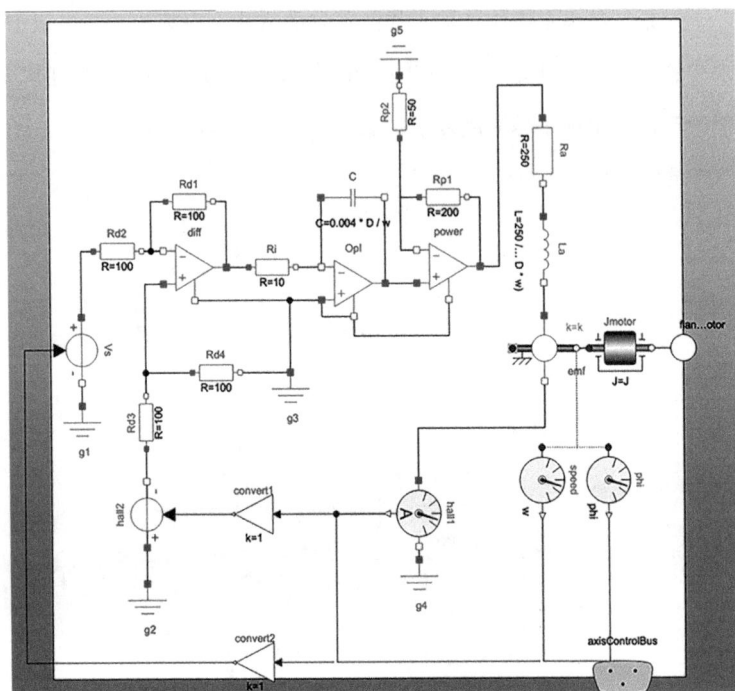

　　但是，尽管巴贝奇本人广泛使用了各种各样的图表，他并没有撰写与之相关的论文。事实上，他唯一关于"机械符号"的出版物是他为 1851 年世界博览会所印制的传单，显然是为了宣传机械部件图的标准化（如上图所示，这些符号确实出现在巴贝奇的图表上）。

我不知道巴贝奇为什么没有对他的机械符号和图表做更多的解释。也许他只是对1826年人们未能欣赏他的作品感到愤懑。又或者，他认为这是他得以创造他的设计的秘密。尽管自巴贝奇时代以来，系统工程已经取得了长足的进步，但我们或许仍能从巴贝奇的工作中得到一些灵感。

更广阔的图景

那么关于埃达、巴贝奇和分析机，究竟有什么样的更广阔的图景呢?

查尔斯·巴贝奇是一个精力充沛的人，他想法众多，其中有一些非常好。30 岁时，他想到用机器制作数学表格，并一直追求这个想法，直到 49 年后去世，他发明了分析机来实现他的目标。他在工程细节方面很出色，甚至很有灵感。他不太擅长让项目按部就班地推进。

埃达·洛夫莱斯是一位聪明的女性，她和巴贝奇成了朋友（没有任何证据表明他们曾经有过恋情）。出于对巴贝奇的帮助，她写了一篇关于分析机的阐释，在此过程中，她对分析机有了比巴贝奇更抽象的理解，并窥见了通用计算这一令人难以置信的强大思想。

差分机和类似的东西都是特殊用途的计算机，其硬件只能做一种事情。有人可能会认为，要做很多不同类型的事情，就必然需要很多不同类型的计算机。但事实并非如此。恰恰相反，一个基本事实是，通用计算机是有可能制造出来的，在这种计算机中，一个固定的硬件可以通过编程完成任何计算。例如，正是这种通用计算的想法使软件成为可能，并在 20 世纪引发了整个计算机革命。

早在 17 世纪，戈特弗里德·莱布尼茨就已经有了类似通用计算的哲学概念。但这一构想并未得到跟进。巴贝奇的分析机是我们所知的第一个明确能够进行通用计算的机器的例子。

但是，巴贝奇并不是这样想的。他只是想要一台尽可能高效地生成数学表格的机器。但在努力设计的过程中，他最终设计出了一台通用计算机。

当埃达写到巴贝奇的机器时，她想用最清晰的方式解释它的功能。为此，她对机器进行了更抽象的研究，结果是她最终探索并阐明了现代通用计算一些很容易被识别的概念。

埃达所做的一切被遗忘了很多年。但随着数理逻辑领域的发展，通用计算的概念再次出现，最明显的是艾伦·图灵在 1936 年的工作。然后，在 20 世纪 40 年代，当电子计算机被制造出来时，人们意识到它们也表现出了通用计算的特性，并将其与图灵的工作联系起来。

尽管如此，人们仍然怀疑，也许通过其他方式制造计算机会带来不同形式的计算。实际上，直到 20 世纪 80 年代，通用计算才作为一个强有力的概念被广泛接受。那时，特别是通过我所做的工作，一些新的东西出现了：通用计算不仅是可能的，而且实际上是很常见的。

而我们现在所知道的 [例如体现在我的计算等价性原理（Principle of Computational Equivalence）中的] 是，在一个较低的阈值之上的范围非常广泛的系统，即使结构非常简单，实际上也是能够进行通用计算的。

而差分机做不到这一点。但只要再增加一点，就能实现通用计算。所以，回过头来看，分析机能够进行通用计算也就不足为奇了。

如今，计算机和软件随处可见，通用计算的概念也似乎显而易见：我们当然可以用软件来计算任何我们想要的东西。但从抽象的角度来看，事情可能并非如此。我认为，我们可以公平地说，埃达·洛夫莱斯是第一个清晰地窥见目前已成为我们技术，甚至我们文明的决定性现象的人，这个决定性现象就是通用计算的概念。

假如……

假如埃达的健康没有恶化，而且她成功接管了分析机项目，又会发生什么呢？

我不怀疑分析机会被制造出来。也许巴贝奇不得不对他的计划做一些修改，但我相信他还是会成功的。这个东西应该有火车头那么大，大概有 5 万个活动部件。毫无疑问，它将能够以每 4 秒计算出一个结果的速度，计算出精确到 30 或 50 位数字的数学表格。

他们会想到这台机器可以是机电式的，而不是纯机械式的吗？我想会。毕竟，查尔斯·惠斯通（Charles Wheatstone）是他们的好朋友，他在 19 世纪 30 年代密切参与了电报的发展。而且，通过电线而不是机械杆来传输信息，机器的硬件将会大大减少，其可靠性（这将是一个大问题）也将大大提高。

现代计算机减少硬件的另一个主要方式是用二进制而不是十进制来处理数值。他们能想出这个办法吗？莱布尼茨知道二进制。如果乔治·布尔在世界博览会上继续与巴贝奇会面，也许他们会有所发现。二进制在 19 世纪中期并不为人所熟知，但它确实在谜题中出现过，至少巴贝奇对谜题很感兴趣。一个著名的例子就是，他提出了如何制作一个顶部和一侧由"bishop"（主教）一词组成的单词方阵的问题（现在只需要几行 Wolfram 语言代码就可以解决）。

巴贝奇对分析机的最初构想是将其作为一台自动生成数学表格的机器，可以通过排版将表格打印出来，或者通过在平板上绘图将其输出为图表。他设想，人类将是这些表格的主要用户，尽管他也曾想过建立预先计算好的卡片库，以提供机器可读的版本。

如今，以 Wolfram 语言为例，我们从不存储太多的数学表格，我们只是在需要的时候计算出我们需要的东西。但在巴贝奇的时代，当时还有大型分析机的想法，这种做法是无法想象的。

那么，分析机是否已经超越了计算数学表格的范畴呢？我想是的。如果埃达能像巴贝奇一样长寿，那么在 19 世纪 90 年代，当赫尔曼·霍利里思（Herman Hollerith）为人口普查做基于卡片的机电制表工作（并创立了 IBM 的前身）时，她应该还在。分析机本可以做得更多。

也许埃达会像她开始所想象的那样，用分析机来创作算法音乐。也许他们会用它来解决三体问题，甚至可能是通过模拟来解决。如果他们想到了二进制，也许他们甚至会模拟出元胞自动机之类的机器。

巴贝奇和埃达都从未在商业上赚过钱（而且，正如巴贝奇不厌其烦地指出的那样，他的政府合同只付钱给他的工程师，而不是他自己）。如果他们开发了分析机，他们会为它找到一种商业模式吗？毫无疑问，他们会把一些机器出售给政府。也许他们甚至会为维多利亚时代的科学、技术、金融等领域提供一种"云计算"服务。

但这一切都没有发生，相反，埃达英年早逝，分析机也夭折了，直到 20 世纪，人们才发现了计算的力量。

他们是什么样的人

如果有人见过查尔斯·巴贝奇，他会是什么样的人呢？我认为，他是一个善于交谈的人。在早年的时候，他是一个理想主义者（"尽我所能，让这个世界比我发现它时更聪明"）；后来，他几乎成了狄更斯笔下一个愤世嫉俗的老人形象。他热衷于参加各种聚会，非常重视与知识分子社交圈最高层的联系。但在晚年，他大部分时间都独自待在他的大房子里，屋子里堆满了书籍、论文和未完成的项目。

巴贝奇从来不善于察言观色，也不知道自己说的话会被别人怎么看。即使在他 80 多岁的时候，他的辩论仍然像个孩子一样。他不善于保持专注也是出了名的，他总是有新的想法要去追求。唯一的例外是，他在近 50 年的时间里坚持不懈地尝试将计算过程自动化。

我本人在自己的生活中分享了这个目标的现代版本（Mathematica、Wolfram|Alpha、Wolfram 语言……），尽管到目前为止只有 40 年。我很幸运能生活在这样一个时代，这个时代的技术背景让实现这一目标变得容易很多。但在我所做的所有大型项目中，它仍然需要一定的专注、坚韧不拔的毅力以及领导力才能真正完成。

那么，埃达又是一个怎样的人呢？据我所知，她是一个口齿伶俐、思维清晰的人。她出身于上流社会，但穿着并不特别时髦，举止也不像一个刻板的伯爵夫人，而更像一个知识分子。作为一个成年人，她在情感上相当成熟，可能比巴贝奇更成熟，似乎对人和世界都有很好的实际把控力。

和巴贝奇一样，她也是独立的有钱人，不需要工作谋生。但她野心勃勃，想要成就一番事业。就个人而言，在光鲜亮丽的维多利亚上流社会的外表以下，我怀疑她还是个书呆子，数学笑话什么的样样精通。她还能够保持高度的专注，比如她花了几个月的时间撰写她的注释。

在数学方面，她成功地达到了她那个时代的前沿水平，可能与巴贝奇的水平不相上下。与巴贝奇不同的是，我们不知道她在数学方面做过什么具体的研究，因此很难判断她到底有多优秀；而巴贝奇虽然算不上出众，却值得尊敬。

当你读到埃达的信时，你会发现她是一个聪明、老练、思维清晰、逻辑缜密的人。她说的话往往带有维多利亚时代的寒暄色彩，但字里行间却蕴含着清晰的思想，而且往往相当有力。

埃达很清楚自己的家庭背景，也很清楚自己是"拜伦勋爵的女儿"。在某种程度上，拜伦的故事和成功无疑激发了她的野心，也激发了她尝试新事物的意愿。（我不禁想到，她领导分析机工程师有点像拜伦勋爵领导希腊军队。）但我也怀疑，拜伦的麻烦同样笼罩着她。多年来，部分出于母亲的要求，她一直回避诗歌之类的东西。但她被抽象的思维方式所吸引，不仅在数学和科学领域，在更加形而上学的领域也是如此。

而且她似乎已经得出结论，她最大的优势将是在科学与形而上学之间架起一座桥梁，也许就是她所说的"诗意的科学"。这很可能是一种正确的自我认知。从某种意义上说，这正是她在注释中所做的：她将巴贝奇细致的工程变得更加抽象和"形而上学"，在这个过程中，我们第一次看到了通用计算的思想。

最后的故事

埃达和巴贝奇的故事有许多有趣的主题。这是一个高超技术与抽象"大局"思维相结合的故事，这是一个关于忘年之交的故事，这是一个关于人们充满自信、勇于创新的故事。

但这也是一场悲剧。对于巴贝奇来说，这是一场悲剧，他一生中失去了很多人，他的个性使他拒他人于门外，使他无法实现自己的抱负。对埃达来说，这同样是一场悲剧，她刚刚开始从事自己热爱的事业，却因健康问题而英年早逝。

我们永远不会知道埃达本可以成为一个什么样的人。她会是另一个玛丽·萨默维尔，维多利亚时代著名的科学阐释者吗？或者是一个史蒂夫·乔布斯（Steve Jobs）式的人物，引领分析机的前景？还是成为理解通用计算这一抽象概念的艾伦·图灵？

埃达接触到了在我们这个时代具有决定性意义的知识思想，这是一种幸运。巴贝奇不知道自己拥有什么，而埃达则看到了一些蛛丝马迹，并成功地描述了它们。

对于像我这样的人来说，对埃达和巴贝奇的故事有特殊的共鸣。像巴贝奇一样，我花了很多时间追求特定的目标，尽管与巴贝奇不同，我能够看到其中相当一部分目标的实现。我怀疑，就像埃达一样，我也处于这样一个位置，有可能看到未来一些伟大思想的曙光。

但我们面临的挑战是，如何成为一个能够把握其中奥秘的埃达，或者至少找到一个能够把握其中奥秘的埃达。至少现在，我想我对200 年前的今天出生的埃达有了一个大致的了解：在通往通用计算的道路上，她是一个恰如其分的人物，也是计算思维现在和未来的成就。

很高兴认识你，埃达。

很多机构和人士为本章的写作提供了信息和资料。我要感谢大英图书馆、牛津科学史博物馆、伦敦科学博物馆、牛津大学的博德利图书馆（经埃达十位在世的后代之一、她的玄孙利顿伯爵的许可）、美国纽约公共图书馆、英国诺丁汉郡哈克诺尔的抹大拉的圣马利亚教堂（埃达的埋葬地）、贝蒂·图尔（Betty Toole，埃达信件集的编者），还有两位老朋友：蒂姆·鲁宾逊（Tim Robinson，巴贝奇的机器的重建者）和内森·米尔沃尔德（Nathan Myhrvold，差分机 2 号重建的资助者）。

第 7 章

戈特弗里德·莱布尼茨

2013 年 5 月 14 日

多年来，我一直对戈特弗里德·莱布尼茨充满好奇，尤其是因为他似乎想构建类似于 Mathematica 和 Wolfram|Alpha 的东西，也许还想构建《一种新科学》中的思想概念，尽管他比我早了三个世纪。因此，当我最近去德国旅行时，我为能够参观他在汉诺威的档案馆而激动不已。

翻阅着他那几页已经泛黄（但仍然结实，足以让我触摸）的笔记，我感到了某种联系，因为我试图想象他在写这些笔记时的想法，并试图将我在笔记中看到的内容与三个多世纪后我们现在所知道的东西联系在一起：

有些东西，尤其是数学方面的，是永恒的。比如莱布尼茨在这里写下了 $\sqrt{2}$ 的无穷级数（原文为拉丁文）：

这是莱布尼茨在尝试计算一个连分数，尽管他已经把算式写了出来（Π 是他早期版本的等号），但他还是算错了：

这里还有一个关于微积分的小结，几乎可以写进现代教科书中：

但其他方面还有些什么呢？他的作品和思想更为宏观的图景又是什么呢？

我一直觉得莱布尼茨是一个有点令人困惑的人物。他在哲学、数学、神学、法律、物理、历史等迥然不同的领域做了许多看似毫不相干的事情。他用我们现在看来有些奇怪的 17 世纪术语来描述他所做的事情。

但随着我了解得越来越多，我对莱布尼茨这个人也更加有好感，我意识到，在他所做的很多事情的背后，有一个核心的思想方向，这个方向与我所追随的现代计算方向奇妙地相近。

戈特弗里德·莱布尼茨于 1646 年（伽利略去世的四年后，也是牛顿出生的三年后）出生在今天的德国莱比锡。他的父亲是一位哲学教授，他母亲的家族从事图书贸易。莱布尼茨的父亲在莱布尼茨 6 岁的时候就去世了，考虑到莱布尼茨的年龄如此之小，在经过长达两年的审议后，他被允许进入父亲的图书馆，开始阅读各种藏书。他在 15 岁时进入当地的大学学习哲学和法律，并在 20 岁时获得了两个学位。

早在少年时期，莱布尼茨似乎就对知识的系统化和形式化很感兴趣。长期以来，人们一直有一种模糊的想法，比如在 14 世纪拉蒙·柳利（Ramon Llull）的半神秘主义著作《伟大的技艺》（*Ars Magna*）一书中，人们或许能够建立某种普适性的体系，在这种体系中，所有的知识都可以由一个合适的（如笛卡儿所说的）"人类思想字母表"中所提取的符号组合而得到。莱布尼茨在他的哲学毕业论文中就试图追寻这一想法。他用一些基本的组合学来计算可能性。他谈到要把思想分解成简单的组成部分，在这些组成部分上可以运行"发明逻辑"。

为了增强说服力，他还加入了一个论证，意图证明上帝的存在。

正如莱布尼茨自己晚年所说，这篇 20 岁时写就的论文从许多方面来看都是幼稚的。但我认为，它开始决定莱布尼茨一生对各种事物的思考方式。因此，举例来说，莱布尼茨关于"令人困惑的法律案件"的法学毕业论文，全部都是关于如何通过将这些案件还原为逻辑学和组合学来解决它们的。

莱布尼茨本来有望成为一名教授，但他却决定开始为各种宫廷和政坛统治者担任顾问。他为他们所做的工作中，有些是学术研究，追踪错综复杂但政治上很重要的家谱和历史；有些则是组织和系统化，如法典、图书馆等；有些是实用的工程，比如试图找到更好的方法来防止银矿进水；还有一些，特别是在早些年，是为政治策略提供"有依据的"学术支持。

1672 年的一次活动让莱布尼茨在法国巴黎待了四年，在此期间，他与知识界的许多领军人物进行了交流。在此之前，莱布尼茨的数学知识是相当基础的。但在巴黎，他有机会学习所有最新的思想和方法。例如，他找到了克里斯蒂安·惠更斯（Christiaan Huygens），在他成功通过求三角形数倒数之和的测试之后，惠更斯同意教他数学。

多年来，莱布尼茨不断完善自己关于知识系统化和形式化的想法，构想出了一个完整的知识体系结构，用现代术语来说，就是如何将知识计算化。他认为第一步是发展一种符号学（ars characteristica），即一种为事物赋予符号或象征性表征的方法，实际上是创造一种统一的"思想字母表"。然后，他想象通过这种统一的表征，就有可能"通过演算找到任何领域的理性真理……就像在算术或代数中一样"，这与我们现在对计算的了解有着惊人的相似之处。

他用各种雄心勃勃的名称谈论自己的想法，如 scientia generalis（"知识通法"）、lingua philosophica（"哲学语言"）、mathematique universelle（"通用数学"）、characteristica universalis（"通用系统"）和 calculus ratiocinator（"思想演算法"）。他设想这些应用最终将会遍及科学、法律、医学、工程学、神学等各个领域。其中有一个领域他很快就取得了明显的成功，那就是数学。

在我看来，在数学史上，很少有人将符号视为核心问题，这是很值得注意的。这开始于 19 世纪后期由戈特洛布·弗雷格（Gottlob Frege）和朱塞佩·佩亚诺（Giuseppe Peano）等人所做的现代数理逻辑的工作。最近，我在创建 Mathematica 和 Wolfram 语言的过程中也遇到了这个问题。这种情况也发生在三个世纪前的莱布尼茨身上。据我推测，莱布尼茨在数学上的成功，很大程度上要归功于他在符号学上所做的努力，以及符号学所带来的对数学结构和过程的清晰推理。

当你阅读莱布尼茨的论文时，你会发现他的符号及其发展非常有趣。许多东西看起来相当现代，虽然也有一些迷人的 17 世纪的痕迹，比如偶尔使用炼金术或行星符号来表示代数变量：

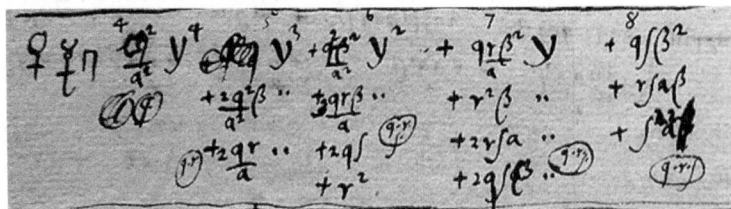

用 Π 代替等号，并略显俗套地把这个符号当成一个天平，把某一边的"腿"写得稍长以表示小于（"<"）或大于（">"）：

尽管不方便录入和排版，但用上划线来表示合并同类项，可以说是一个比括号更好的主意：

今天，我们会用上划线来表示根。但是莱布尼茨想在积分里也使用这个符号，并配以漂亮的"带着小尾巴的 d"。这让我想起我们在 Mathematica 中使用双线体"微分 d"来表示积分。

特别是在解方程的时候，经常会用到±，但这常常使分组过程十分混乱，比如说a±b±c。莱布尼茨似乎也遇到了类似的麻烦，但他发明了一种符号来处理这个问题，这种符号即便在今天也实在值得一用：

尽管这些上波浪线看起来相当漂亮，但我不确定莱布尼茨的某些符号是什么意思：

就像这些带小点的东西一样：

或者是这个看起来很有趣的图解形式：

　　当然，莱布尼茨最著名的符号是他的积分符号（用长"s"代表"summa"，即求和）以及 d，在下页上图这张纸的空白处，这些符号首次被总结出来，日期是 1675 年 11 月 11 日（事后"1675"里的"5"

被改成了"3"，也许是莱布尼茨改的）：

我发现一个有趣的现象，尽管莱布尼茨为"计算"运算发明了很多符号，但他显然没有为逻辑运算发明类似的符号，"或"只是拉丁文的 vel，"与"是 et，等等。而当他想到量词（现代的 ∀ 和 ∃）时，他只是用拉丁文缩写 U.A. 和 P.A. 来表示它们：

在思想史上，直到 20 世纪 30 年代才出现通用计算的概念，这一直让我感到很反常。我常常在想，在莱布尼茨的著作中是否潜藏着通用计算的早期版本，甚至可能有我们现在可以解释为类似图灵机系统的图表。但随着对莱布尼茨的了解越来越深入，我越发清楚为什么情况可能并非如此。

我猜想，其中很大一部分原因是，他对离散系统不够重视。他把组合学的结果称为"不证自明"，大概是因为他认为这些结果可以用算术等方法直接验证。他认为只有"几何"数学或连续数学才需要微积分。在描述曲线的性质时，莱布尼茨提出了类似连续函数的东西，但他似乎从未将函数的概念应用于离散数学中。如若他这么做了，那么结果就有可能会引导他去思考用通用元素构建函数。

莱布尼茨认识到他的无穷小微积分的成功，并热衷于为其他事物提出类似的"微积分学"。在与通用计算的另一次"擦肩而过"中，莱布尼茨提出了用数对逻辑属性进行编码的想法。他想过把事物的每一个可能的属性与不同的质数联系起来，然后用质数的乘积来描述事物的属性，再用算术运算来表示逻辑推理。但他只考虑了静态属性，而没有想到像哥德尔配数那样的概念，即运算也可以用数进行编码。

不过，尽管莱布尼茨没有提出通用计算的概念，但他确实明白计算在某种意义上是机械的。事实上，他似乎很早就卜定决心，要制造一台真正的机械式计算器来进行算术运算。也许部分原因是他想自己使用（构建一项技术总是一个很好的理由！）。尽管他精通代数等知识，但在他的论文中的空白处却充满了学校水平的基础算术计算

（有时还是错误的），这些计算现在都被保存了下来，供后人参考：

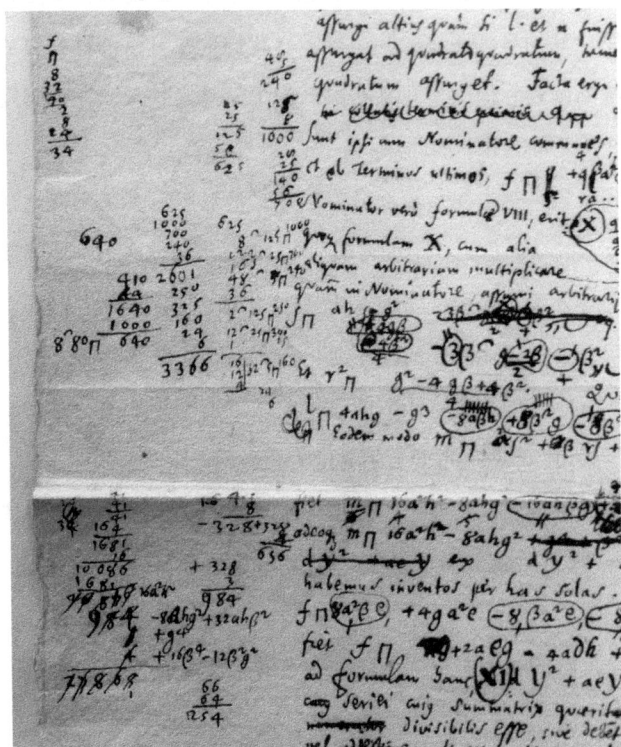

在莱布尼茨的时代，有一些零星的机械式计算器制造实例。当他在巴黎时，莱布尼茨无疑看到了布莱瑟·帕斯卡（Blaise Pascal）在 1642 年制造的加法计算器。但莱布尼茨决心制造一种"通用"计算器，首次用一台机器完成基本的四则运算。他还想为计算器设计一个简单的"用户界面"，例如，将手柄旋向一边表示乘法，旋向另一边表示除法。

在莱布尼茨的论文中，有各种关于机器应该如何工作的图表：

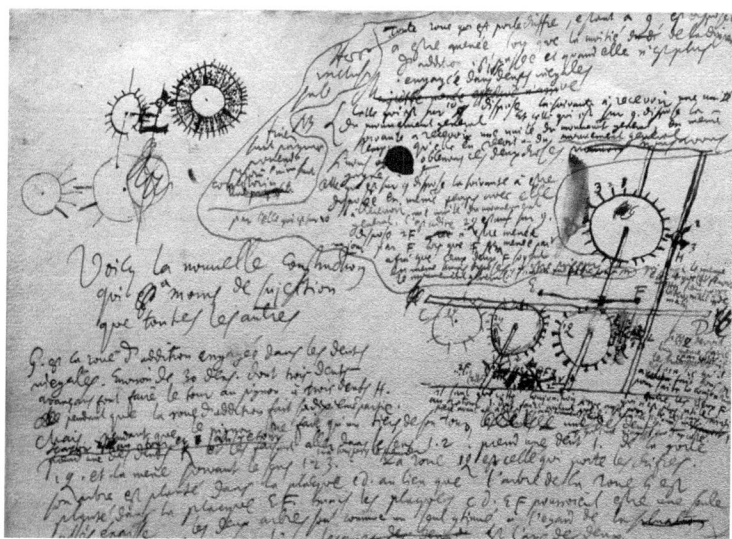

莱布尼茨想象他的计算器会有很大的实用价值，事实上，他似乎还希望能把计算器做成一门成功的生意。但实际上，莱布尼茨很难让计算器可靠地工作。因为和当时的其他机械式计算器一样，它基本上就是一个美化了的里程表。就像近 200 年后查尔斯·巴贝奇的机器一样，当发生一连串的进位时，要让许多轮子同时运动，这在机械上很难实现。

莱布尼茨最初制作了一个木制的机器原型，原本只打算处理三位数或四位数。但当他在 1673 年访问伦敦期间向罗伯特·胡克（Robert Hooke）等人演示时，效果不太好。不过，他一直认为自己已经弄清了一切，例如，他在 1679 年用法语写下了"算术机的最后修正"：

然而，1682 年的笔记表明，问题还不止于此：

但莱布尼茨根据自己的笔记起草了设计图，并与一名工程师签订了合同，让他制作一个有更多数位的黄铜版本：

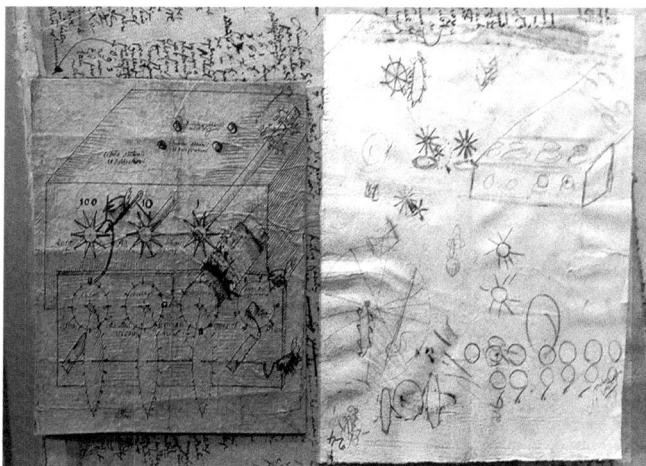

莱布尼茨为这台机器所做的"宣传材料"看起来也很有趣：

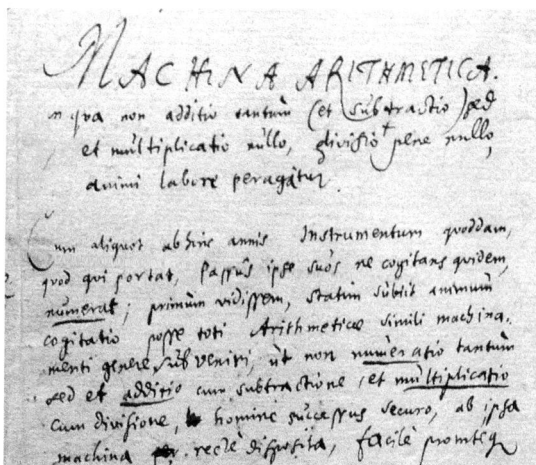

还有部分"手册"（以 365×24 作为"工作实例"）：

配有详细的使用示意图：

尽管如此，计算器的问题依然存在。事实上，40 多年来，莱布尼茨一直在不断改进他的计算器，可能总共为此花费了 100 多万美元（按今天的货币计算）。

那么，这个实体的计算器怎么样了呢？当我参观莱布尼茨的档案馆时，我不得不问。"好吧，"主人说，"我们可以带你看看。"莱布尼茨的计算器跟一排排盒子一起，被放置在一个玻璃保险柜里，它看上去跟新的一样。在我的镜头下，古老与现代被奇妙地并排陈列在了一起：

所有的零件一应俱全，包括一个方便的木制手提箱。手提箱配有一根摇柄。如果操作得当，只需摇动几分钟，就能完成任何基本的算术运算：

莱布尼茨显然将他的计算器看作一个实用的项目。但他仍想对其进行推广，例如，他试图建立一种通用的"逻辑"来描述机械连杆的几何形状。而且他还思考了数与算术的本质。他对二进制数尤其感兴趣。

几个世纪以来，除十进制以外的进制一直被用于娱乐数学。但莱布尼茨认为二进制具有特殊的意义，也许是连接哲学、神学和数学的重要桥梁。他从去过中国的传教士那里听说了《易经》，意识到二进制数是《易经》的核心思想，并认为它在精神上与他的普遍性特征（characteristica universalis）有关，这让他倍受鼓舞。

莱布尼茨发现，根据二进制来制造计算器是可能的。但他似乎认为，只有十进制才是真正有用的。

读莱布尼茨写的关于二进制数的文章，感觉很奇怪。其中有些内容清晰而实用，而且看起来非常现代。但有些内容却有着非常明显的 17 世纪风格，比如说二进制如何证明万物可以从无到有，1 被用来代表上帝，0 被用来代表虚无。

在莱布尼茨之后的几个世纪里，几乎没有人用二进制做过任何事情。事实上，这个情况一直延续到最近几十年数字计算的兴起。因此，当人们看到莱布尼茨的论文时，他的二进制计算可能是最"超越他的时代"的：

从某种意义上来说，莱布尼茨的二进制是在寻求最简单的底层结构。毫无疑问，当他谈到他所谓的"单子"（monad）时，他也是在做类似的事情。不得不说，我从未真正理解过单子。通常，当我觉得自己差不多理解了的时候，就会有一些关于灵魂的提法让我完全搞不懂。

然而，我总觉得莱布尼茨似乎得出了这样的结论，即"所有可能的世界中最佳的世界"是"在最少的原则下拥有最多种类的现象"的那一个，这一点很吸引人。事实上，在我撰写《一种新科学》的前期工作中，当我在 1981 年第一次开始构想和研究一维元胞自动机时，我曾考虑将它们命名为"polymone"，但在最后一刻，当我再次对单子感到困惑时，我又打消了这个念头。

莱布尼茨和他的论文一直都被包裹着一层神秘的色彩。也许是妄想症作祟，库尔特·哥德尔似乎深信莱布尼茨发现了被压抑了几个世纪的伟大真理。不过，虽然莱布尼茨的论文在他死后确实被封存了起来，但那是由于他研究的话题是历史和家谱，而且这些研究还可能涉及国家机密。

莱布尼茨的论文早已解封，在三个世纪之后，人们可能会认为这些论文的方方面面都会得到很好的研究。但事实是，即使过了这么长时间，也没有人真正详细研究过他所有的论文。这并不是因为论文数量太多，它们总共只有大约 20 万页，也许可以摆满十几个书架（只比我个人 20 世纪 80 年代的文件多一点）。但问题在于资料的多样性，它们不仅主题繁多，还有大量重复的草稿、笔记和信件，人们搞不清它们之间的关系。

　　莱布尼茨的档案中包含大量令人费解的文件。有尺寸巨大的
文件：

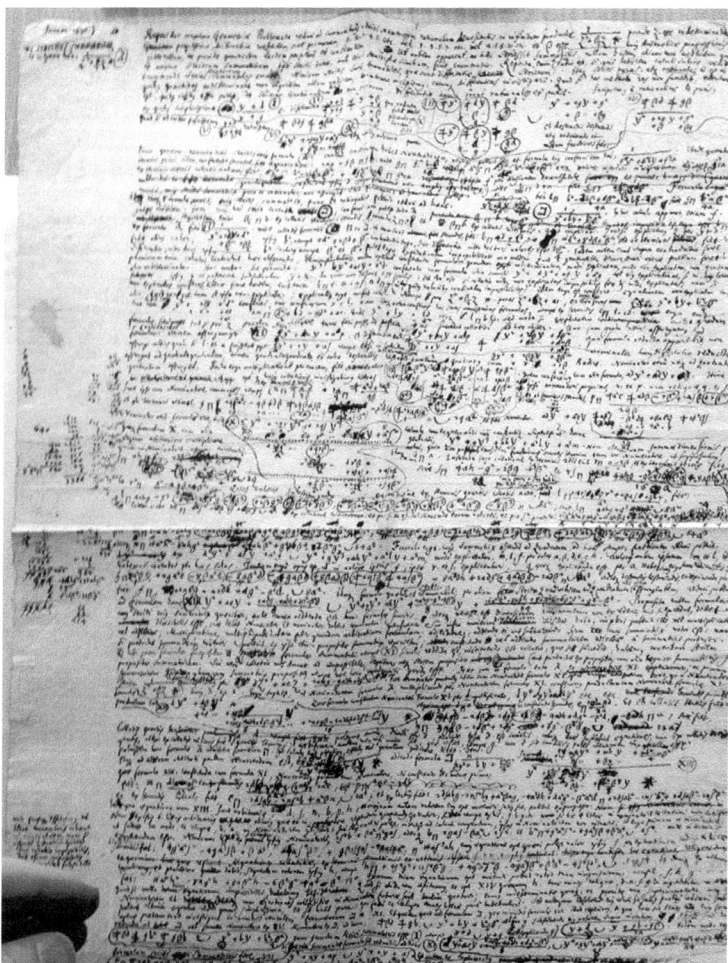

有十分迷你的文件（随着年龄的增长和近视的加重，莱布尼茨的字越写越小）：

　　档案中的大多数文件看起来都非常严肃和认真。不过，尽管莱布尼茨时代的纸张价格昂贵，人们还是会偶尔发现为后人保留下来的涂鸦 [那会是斯宾诺莎（Spinoza）吗？]：

莱布尼茨与数百位人士有邮件往来，有名人，也有不知名人士，遍布欧洲各地。因此，在 300 年后的今天，人们可以在他的档案中找到雅各布·伯努利等人的"随手书信"：

莱布尼茨长什么样呢？下图是他的官方肖像，以及没有戴超大假发的样子（这个样子即使在他那个时代也被人嘲笑），他戴假发大概是为了遮住头上的一个大囊肿。

莱布尼茨为人彬彬有礼，脾气平和。在某些方面，他可能会给人一种书呆子的感觉，对各种话题都有深入的阐述。就像他在信中所做的那样，他似乎煞费苦心地去迎合与他交谈的人，比如在与神学家交谈时强调神学，等等。和他那个时代的许多知识分子一样，莱布尼茨从未结过婚，不过他似乎很受宫廷女性的青睐。

在他的侍臣生涯中，莱布尼茨热衷于往上爬升。但由于不喜欢打猎和饮酒，他一直无法真正融入他为之效力的统治者的核心圈。莱布尼茨晚年时，当汉诺威的乔治一世成为英国国王时，莱布尼茨本可以很自然地加入他的宫廷。但莱布尼茨被告知，在他离开德国前往英国之前，他必须撰写完一份应该已经研究了 30 年的所谓的历史文稿。如果他能在死前完成这项工作，他很可能会去英国，并与牛顿进行一种别开生面的交流。

　　莱布尼茨的遗物里有很多文件，也有他的机械式计算器，还有一样东西———一把他旅行时随身携带的折叠椅，他把它挂在车厢里，这样他就可以在旅行中继续写作。

　　莱布尼茨非常注重自己的地位（他经常自称"戈特弗里德·冯·莱布尼茨"[1]，尽管没有人知道"冯"的由来）。为了彰显自己的发现，他想制作一枚纪念二进制数的奖章。他想出了一个详细的设计方案，并加上了一句标语：omnibus ex nihilo ducendis; sufficit unum（"一切皆可从无到有，所需的只有 1"）。但是，没有人为他制作过这枚奖章。

---

① 德语姓名中，冯（von）可以表示贵族血统。——编者注

2007 年，我想为我的朋友格雷格·柴廷（Greg Chaitin）准备一份 60 岁生日礼物，他一直是莱布尼茨的忠实粉丝。所以我想：为何不真正制作一枚莱布尼茨的奖章呢？于是我们说做就做。不过在背面，我们没有采用莱布尼茨提议的公爵图片，而是用拉丁文题刻上了格雷格的作品。

当我参观莱布尼茨档案馆时，我带上了一枚奖章的复制品，这样我终于可以把一枚真正的奖章放在莱布尼茨的设计旁边了：

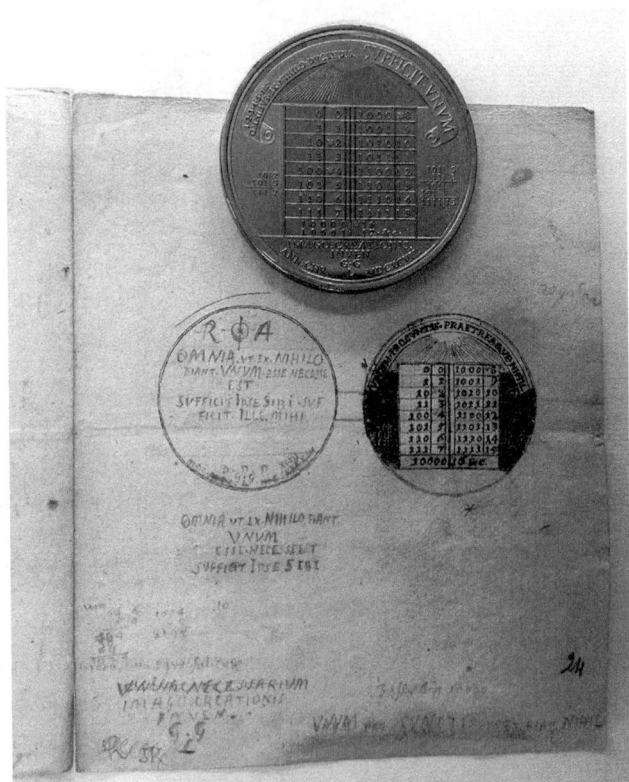

　　如果能知道莱布尼茨在他的墓碑上写了什么精辟的声明，那将是一件很有趣的事情。但事实上，当莱布尼茨以 70 岁高龄去世时，他正处于政治命运的低谷，因此也没有人为他精心修建纪念碑。不过，当我在汉诺威的时候，我还是很想看看他的坟墓，结果发现墓碑上只有一串简单的拉丁文碑文"莱布尼茨埋骨处"。

　　然而，在城市的另一边，还有一家纪念莱布尼茨的商店，一家直营店里的饼干被冠以莱布尼茨的名字，以表示对他的敬意。

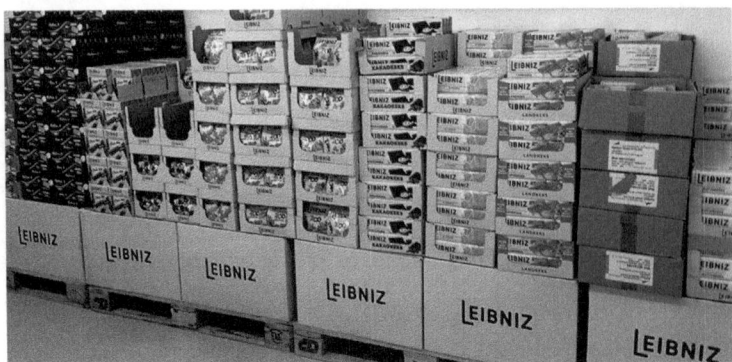

那么，我们最终应该如何看待莱布尼茨呢？如果历史以不同的方式发展，那么从莱布尼茨开始可能会直达现代计算。但现在的情况是，莱布尼茨试图做的很多事情都是孤立的，人们主要是以现代计算思维回溯到 17 世纪来进行理解。

根据我们现在所知道的，莱布尼茨理解了什么，不理解什么，是很清楚的。他掌握了为各种不同的事物提供形式化、符号化表征的概念。他怀疑，可能存在一些通用的元素（甚至可能只有 0 和 1），这些表征可以从这些元素中构建出来。他还明白，从知识的形式化符号表征出发，应该可以用机械的方法计算出知识的结果，也许还可以通过枚举可能性来创造新知识。

莱布尼茨所写的一些东西是抽象和哲学的，有时甚至是让人抓狂的。但从某种程度上来说，莱布尼茨也是相当务实的。而且他具备足够的技术实力，经常能够取得实质性的进展。他的典型方法似乎是，首先尝试创建一种形式结构来阐明事物，如果可能的话，就使用形式符号。之后，他的目标是创造某种"演算法"，从而系统地得出结论。

实际上，他只在一个特定的领域取得了真正的成功：连续的"几何"数学。遗憾的是，他从未在离散数学领域进行过更认真的尝试，因为我认为他可能已经取得了进展，甚至有可能已经提出了通用计算的概念。他很可能也会以我在计算宇宙中所做的那种方式，开始枚举可能的系统。

在法律领域，他确实尝试过自己的方法。但在这方面，他确实做得太早了，直到 300 年后的现在，计算法学才开始变得现实。

莱布尼茨也曾尝试思考物理学。不过，虽然他在一些具体概念（如动能）上取得了进展，但他从未成功地提出过任何一种大规模的"世界体系"，就像牛顿在他的《自然哲学的数学原理》中所做的那样。

在某些方面，我认为莱布尼茨并没能取得更大的进展，因为他太过于追求实用，像牛顿一样试图解码真实物理学的运作，而不仅仅是研究相关的形式结构。我认为，如果莱布尼茨至少尝试过进行我在《一种新科学》中所做的基本探索，他不会遇到任何技术上的困难，科学史可能会大不相同。

我开始意识到，当牛顿赢得了与莱布尼茨在微积分发明上的公关战时，这不仅仅是荣誉的问题，更是一种科学思维方式的问题。从某种意义上说，牛顿是典型的实用主义者：他发明了工具，然后展示了如何利用这些工具来计算物理世界的实际结果。但莱布尼茨有更广阔和更哲学的视野，他认为微积分不仅仅是一种具体的工具，更是一个示范，应该激励人们努力实现其他类型的形式化和其他类型的通用工具。

我常常认为，我所遵循的现代计算思维方式在某种程度上是显而易见的，而且在某种程度上是以形式化、结构化的方式思考问题时的必然特征。但我一直不太清楚，这种显而易见是否只是这个时代的结果，是我们关于现代实用计算机技术的经验的结果。不过，看看莱布尼茨，我们就能得到一些视角。事实上，我们看到的是，现代计算思维的某些核心内容在现代之前很久就可能已经出现。但是，过去几个世纪的技术背景和理解力对这种思维的发展施加了明确的限制。

当然，这也给今天的我们提出了一个令人警醒的问题：由于我们不具备遥远未来的技术背景，我们在多大程度上未能实现核心计算思维方式？对我来说，研究莱布尼茨让这个问题变得更加清晰。

至少有一点似乎是相当清楚的：在莱布尼茨的一生中，他见过的计算机基本上一手可数，而它们所做的只是基本的运算。今天，世界上有数十亿台计算机，它们能做各种各样的事情。在未来，计算机的数量肯定会大大增加（计算等价性原理使得计算机的制造变得更加容易）。毫无疑问，我们将达到这样的地步，即我们制造的每件东西都将在各个层面上明确地由计算机构成。其结果是，小到原子，一切都将是可编程的。当然，生物学在某种意义上已经有限地实现了这一点。但我们将能够完全做到这一点，无论何处。

在某种程度上，我们已经可以看到，这意味着计算过程与物理过程的某种融合。但具体如何融合，我们可能难以想象，就像莱布尼茨难以想象 Mathematica 和 Wolfram|Alpha 这样的东西一样。

莱布尼茨死于 1716 年 11 月 14 日。到 2016 年，已经过去了 300 年。这将是一个很好的机会，让我们确保莱布尼茨的想法都已实现，并庆祝莱布尼茨的核心愿景在三个世纪后终于以他从未想象过的方式达成了。

第8章

伯努瓦·芒德布罗 [①]

2012 年 11 月 22 日

在自然界、技术和艺术中，最常见的规律性形式就是重复：单一元素多次重复，就像铺瓷砖的地板一样。但也可能是另一种形式，即相同的图案越来越小，接连嵌套，这样，无论你把整体"放大"多少，都会出现相同的复杂形状。蕨类植物的叶子和宝塔花菜就是大自然中的两个例子。

有人可能会认为，这样一种简单而又基本的规律形式即便没有被研究数千年，至少也应该已经被研究了数百年。但事实并非如此。事实上，它只是在过去 30 年左右的时间里才变得引人注目，这几乎完全归功于一个人的努力，他就是数学家伯努瓦·芒德布罗（Benoit Mandelbrot），他在 2010 年去世前刚刚完成了这本自传。

芒德布罗于 1924 年出生在波兰的一个犹太家庭，母亲是牙医，父亲是商人。他的一个叔叔绍莱姆·芒德布罗伊（Szolem Mandelbrojt）在法国是一名相当成功的纯粹数学家。由于波兰犹太人的处境日益恶化，芒德布罗一家于 1936 年逃到了法国。

战争期间，芒德布罗躲藏在乡下，后来成为巴黎一所顶尖技术学院的优秀数学学生。当时，法国数学界被高度抽象的"布尔巴基

---

① 本文最初是对芒德布罗死后出版的自传《分形主义者》（*The Fractalist*）的评论。

运动"（Bourbaki movement）所主导，该运动因其成员在作品上署集体笔名布尔巴基而得名。1947 年，当芒德布罗毕业时，他并没有加入他们，而是决定去美国加州理工学院学习航空工程。他写道，他下定决心要远离已有的数学，这样他就能"因在某个真实、具体而复杂的领域中率先找到一定程度的秩序而感到兴奋，而该领域在其他人看来则只有无序的混乱。"

两年后回到法国，他开始研究信息论，并由此开始研究统计物理学和语言结构。最后，他以《通信的游戏》（"Games of Communication"）为题完成了博士论文，主要研究文本中不同词语的使用频率如何遵循一种被称为"幂律"的分布。他服过兵役，当过科研侦察兵，在飞利浦彩电实验室工作过一段时间，然后开始了"流浪科学家"的生活，从法国政府那里获得了部分资助。

他早期探访的目的地包括美国普林斯顿（与博弈论先驱约翰·冯·诺伊曼共事）和瑞士日内瓦 [与心理学家让·皮亚杰（Jean Piaget）共事]。1958 年，他访问了美国 IBM 公司，表面上是为了参与一个新的自动翻译项目，结果一待就是 35 年。

IBM 将其研究部门视为传播公司声誉的一种媒介，并允许芒德布罗继续游学，在哈佛和耶鲁（他最终在那里度过了职业生涯的最后几年）等大学做访问学者。他的工作从语言的统计转向经济系统的统计，到 20 世纪 60 年代中期，又转向流体力学和水文学。他的典型工作方式是将相当简单的数学（通常来自随机过程理论）应用到以前几乎没有应用过严肃数学的领域。他称自己为"复杂性的开普勒"，这（经常）让人想起约翰内斯·开普勒（Johannes Kepler），这位 17 世纪的科学家确定了描述行星运动的定律。

但在 20 世纪 70 年代初，他的一位数学家朋友马克·卡茨（Mark Kac）提出了一条重要建议：不要再写大量各种奇怪主题的论文了，而是把它们结集成一本书。这个统一的主题可能会是技术性的，如果是这样的话，今天可能就很少有人听说过伯努瓦·芒德布罗了。

但也许只是通过这种阐述行为（他的自传没有明确说明），芒德布罗最终完成了一项伟大的科学研究，并确定了一个更强大、更基本的想法。简单地说，有一些几何图形，他称之为"分形"（fractal），在任意尺度上都同样"粗糙"。无论你离得多近看，它们都不会变得更简单，就像你在脚下看到的一段遍布碎石的海岸线和你在太空中看到的那段海岸线一样，看起来参差不齐。这一洞察构成了他 1975 年的突破性著作《分形》（*Fractals*）① 的核心思想。

在这本书出版之前，芒德布罗的工作以数为主，他的大部分论文都是通过简单的图形来实现可视化。但是，由于他在 IBM 接触到了计算机图形学，再加上出版商具有鲜明的可视化导向，他的书最终充满了引人注目的插图，并以高度几何化的方式呈现了他的主题。

这本书不像以往任何一本，无论是在表现形式上，还是在所采用的非正式解释风格上，它都是一种新的范式。慢慢地，一些论文（通常出芒德布罗作为合著者）开始将它与生物学和社会科学等不同领域联系起来。研究结果多种多样，而且经常引起争议：动物的行迹或股票价格图真的具有嵌套结构或遵循精确的幂律吗？甚至芒德布罗

---

① 指 1975 年出版的法语著作 *Les Objets Fractals: Forme, Hasard et Dimension*（《分形对象：形、机遇和维数》），英译本于 1977 年出版。——编者注

本人也开始淡化他的观点，引入了诸如"多重分形"（multifractal）的概念。

但是，与科学无关，分形开始在计算机图形学中蓬勃发展，特别是在制作芒德布罗所说的自然现象的"伪造品"方面，例如惊人逼真的树木或山脉图像。一些数学家开始对分形进行抽象研究，并将其与所谓迭代映射这一数学分支联系起来。早在 20 世纪初，数学家们就已经开始研究迭代映射，尤其是法国数学家，芒德布罗在学生时代就认识他们。但在取得了一些成果之后，他们的研究基本上就停滞不前了。

然而，有了计算机图形学的帮助，芒德布罗得以继续前行，并于 1979 年发现了被称为芒德布罗集的复杂集合。该集合具有独特的鳞茎状裂片，可以绘制出丰富多彩的图形，这有助于分形在大众领域和科学界占据一席之地。虽然我认为芒德布罗集在某些方面是一个相当随意的数学对象，但它一直是纯粹数学问题的丰富源泉，同时也是简单规则如何产生视觉复杂性的鲜明例子。

从很多方面来说，芒德布罗的一生都是一个探索发现的英雄故事。他是一位伟大的科学家，我乐于赞颂他的美德。然而，正如我在与他近 30 年的交往中发现的那样，尽管他取得了如此多的成就，但他也可能是一个难以相处的人。他不断地寻求认可，不断地为得到应有的回报而奋斗，这一点在他自传的第一页就已经很清楚了："让我自我介绍一下，我是一名科学战士，现在是个老头，我写了很多东西，但从未获得过预期的读者。"

他曾竞选诺贝尔物理学奖，后来又竞选经济学奖。我曾问他为什么如此在意，我指出，真正伟大的科学，比如分形，往往过于新颖，以至于无法为其定义奖项。但他对我的评论不屑一顾，并列举了一些其他证据来证明自己成就的伟大。

芒德布罗用他的方式向我表达了一些溢美之词。当我20多岁，他60多岁的时候，他会问起我的科研工作："怎么会有这么多人对一个年轻人如此重视？"2002年，我的著作《一种新科学》问世，我在书中指出，科学中的许多现象都是相对简单、类似程序的规则所产生的复杂结果。芒德布罗似乎将其视为一种直接威胁，他曾宣称："沃尔弗拉姆的'科学'并不新鲜，除非它是明显错误的；它应该被完全摒弃。"但私下里，几位共同的朋友告诉我，他担心从历史的长远角度来看，我的工作将会压倒他的工作。

每次见到他，我都会向他解释为什么我认为他的担心是错误的，以及为什么尽管在我书中描述的"计算宇宙"中，分形只出现在一个小角落，但它们却始终具有根本性的重要意义，尤其是作为简单重复的规律性以及更复杂的计算过程的表面随机性之间，可能唯一的中间步骤。

在芒德布罗去世前的几年里，我经常见到他，很多问题他都用"读我的自传"来回答。事实上，这本自传确实回答了一些问题，尤其是关于他早年的生活的，但也留下了不少未解之谜，比如他1975年那本突破性的著作究竟是如何写成的。但是，更多地了解伯努瓦·芒德布罗这个人，有助于阐释他的作品，也有助于说明创造伟大的新科学需要什么。《分形主义者》是一部精心撰写的科学人生故事，以第一人称的方式讲述了一系列令人惊叹的科学巨匠。

第 9 章

史蒂夫·乔布斯

2011 年 11 月 6 日

今天晚上，听到史蒂夫·乔布斯逝世的消息，我与数百万人一样感到悲痛异常。在过去的四分之一个世纪里，我从史蒂夫身上学到了很多东西，并为能将他视为朋友而自豪。事实上，他以各种方式为我迄今为止的三个人生主要项目——Mathematica、《一种新科学》和 Wolfram|Alpha 做出了贡献。

我第一次见到史蒂夫·乔布斯是在 1987 年，当时他正在悄悄地开发他的第一台 NeXT 计算机，而我正在悄悄地开发第一版 Mathematica。一位共同的朋友向我介绍了史蒂夫，史蒂夫毫不犹豫地表示，他正计划为高等教育制造一台最权威的计算机，而他希望 Mathematica 能成为其中的一部分。我现在已经不记得我们第一次会面时的细节了，但在会面结束时，史蒂夫给了我一张他的名片，今晚我发现这张名片仍然被妥帖地放在我的文件里：

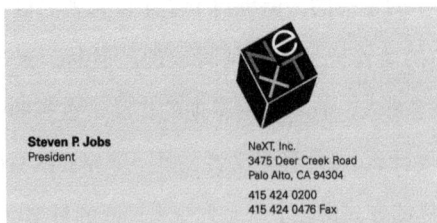

Steven P. Jobs
President

NeXT, Inc.
3475 Deer Creek Road
Palo Alto, CA 94304
415 424 0200
415 424 0476 Fax

在我们初次见面后的几个月里，我与史蒂夫就 Mathematica 进行了各种交流。实际上，那时它还不叫 Mathematica，我们讨论的一个重要话题是它应该叫什么。起初我叫它 Omega（是的，就像 Alpha），后来又叫它 PolyMath。史蒂夫认为这些名字都很糟糕。我给了他我考虑过的名字的清单，并要求他给出建议。有一段时间，他什么建议都不提。但有一天，他对我说："你应该叫它 Mathematica。"

其实我也曾考虑过这个名字，但还是没采用。我问史蒂夫为什么觉得这个名字不错，他告诉我，他的命名理论是从某物的通用名称开始，然后将其美化。他当时最喜欢的例子是索尼的特丽珑（Trinitron）。我们来来回回讨论了好一阵子，最后我同意 Mathematica 是个好名字。就这样，这个名字一直沿用了将近 24 年。

在开发 Mathematica 的过程中，我们经常向史蒂夫展示它。他总是声称自己不懂其中的数学知识（不过后来我从一位高中时就认识史蒂夫的好友那里得知，史蒂夫肯定至少学过一门微积分课程）。但他对界面和文档提出了各种"简化"的建议。不过也有一点小例外，这也许是 Mathematica 爱好者几乎不会感兴趣的：他认为 Mathematica 笔记本文档（以及现在的 CDF）中的单元格不应该用简单的竖线表示，而应该用两端带有小衬线的括号表示。碰巧的是，这个想法开启了对单元格层次结构的思考，并最终促成了符号文档的许多特性。

1988 年 6 月，我们准备发布 Mathematica。但当时 NeXT 计算机还没有发布，史蒂夫也很少出现在公众面前，人们对 NeXT 的猜测也变得相当激烈。因此，当史蒂夫·乔布斯同意出席我们的产品发布会时，这对我们来说是一件大事。

他发表了一场精彩的演讲，讨论了他预期越来越多的领域将会使用计算机，并需要算法和 Mathematica 的服务。他非常简洁地阐述了自己的愿景，而这一愿景也确实如他所预言的那样实现了。（我如今通过小道消息得知，iPhone 的各种核心算法都是在 Mathematica 的帮助下开发出来的，我为此感到非常开心。）

不久之后，NeXT 计算机如期发布，每台都捆绑了 Mathematica。尽管 NeXT 本身并没有取得商业上的成功，但史蒂夫捆绑 Mathematica 的决策却被证明是一个非常好的主意，而且经常被认为是人们购买 NeXT 的首要原因。

还有一件奇特的小事（我多年后才知道），一批为运行 Mathematica 而购买的 NeXT 计算机被送往瑞士日内瓦的欧洲核子研究组织（CERN），在那里，它们最终成了最早开发出网络的计算机。

在那些日子里，我经常见到史蒂夫。有一次，我去 NeXT 位于美国雷德伍德城的豪华新办公室见他。我特别想和他谈谈 Mathematica 这种计算机语言。比起语言，他一直更喜欢用户界面，但他也在尽力提供帮助。对话中，他说他不能去吃晚饭了，实际上他非常心烦意乱，因为那天晚上他要出去约会，他已经很久没有约会了。他解释说，几天前他刚刚认识他要见的那位女士，他对这次约会非常紧张。史蒂夫作为一名商人和技术专家的自信已经荡然无存，他在询问我关于他的约会的事情，而我在此类问题上不是什么权威人士。

结果呢，这次约会显然很成功，在 18 个月内，他遇到的这位女士就成了他的妻子。

在我全身心投入撰写《一种新科学》的近十年时间里，我与史蒂夫的直接交流减少了。但在那段日子的大部分时间里，我几乎每时每刻都在使用 NeXT 计算机，事实上，我的主要发现都是在 NeXT 计算机上完成的。当这本书完成后，史蒂夫向我索要了预售本，我按要求寄给了他。

当时，许多人告诉我，我需要在书的封底加推荐语。于是，我问史蒂夫是否愿意给我写一句。各种问题接踵而至，最后史蒂夫说："艾萨克·牛顿并没有在封底加任何推荐语，你为什么想要呢？"就这样，在最后一刻，《一种新科学》的封底只用了一组简单而优雅的图片。这是史蒂夫的另一个贡献，我每次看着我的大书时都会想起来。

在我的一生中，我有幸与各种才华横溢的人打交道。对我来说，史蒂夫最突出的地方就是他清晰的思维。他一次又一次地处理复杂的情况，理解其本质，并利用这种理解做出大胆的决定性决策，而且往往是朝着完全意想不到的方向。

我自己一生中的大部分时间都花在科学和技术领域，试图以相似的方式工作，试图尽自己所能创造出最好的东西。

然而，放眼现实世界的技术和商业领域，不可避免有搞不清楚真正合适的策略是什么的时候。事实上，有时似乎所有的清晰度、理解力、质量和创意都不是真正的关键点，而赢家往往是那些有着完全不同兴趣的人。

因此，看着史蒂夫·乔布斯和苹果公司近年来所取得的惊人成功，对我和我们的公司来说都是莫大的鼓舞。它验证了我长期以来坚信的许多原则，也激励着我以更大的热情去贯彻这些原则。

我认为，多年来史蒂夫非常欣赏我在公司所尝试的方法。他当然一直是我的大力支持者。（例如，就在今晚，我想起了他为 Mathematica 十周年用户大会发送给我们的一段精彩视频。）他一直希望我们先与 NeXT 合作，再与苹果合作。

我想，自 1988 年以来，Mathematica 可能是史蒂夫·乔布斯创造的所有计算机上唯一一个在发布时就可用的大型软件系统。当然，这也导致了 Mathematica 移植项目的高度保密性。最终，西奥·格雷（Theo Gray）[1] 在史蒂夫的主题演讲中演示了几次移植结果。

当苹果公司开始生产 iPod 和 iPhone 时，我并不确定它们与我们所做的工作有什么关联。但在 Wolfram|Alpha 问世后，我们开始意识到，将计算知识加入史蒂夫所创造的这个新平台会有多么强大。当 iPad 问世时，西奥在史蒂夫的敦促下，坚持认为我们必须为 iPad 做点什么。

结果，去年成立了 Touch Press 公司，出版了西奥的《元素》（*The Elements*）iPad 电子书，现在又出版了一系列其他 iPad 电子书。史蒂夫·乔布斯创造的 iPad 为我们带来了一个全新的方向。

今晚，我们很难清楚地回忆起史蒂夫多年来支持和鼓励我们的种种方式，无论是大事还是小事。翻看我的档案，我发现自己已经忘记了他曾为我们解决了多少细节问题：从 NeXTSTEP 的版本故障，到不久前亲自打电话向我们保证，如果我们将 Mathematica 和 CDF 移植到 iOS，它们不会被禁用。

---

① 全名西奥多·格雷（Theodore Gray）。——编者注

我非常感谢史蒂夫·乔布斯。但遗憾的是，他对我最新的人生大项目 Wolfram|Alpha 做出的最大贡献，就发生在昨天：他宣布将在 iPhone 4S 的 Siri 中使用 Wolfram|Alpha。

这是史蒂夫的一个典型举措。他意识到，人们只想在手机上直接获取知识和操作，而不需要人们通常认为必需的额外步骤。

我为我们能够通过 Wolfram|Alpha 为这一愿景提供重要的组件而感到自豪。现在推出的只是一个开始，我期待着未来我们与苹果公司在这个方向上的合作。但我为史蒂夫·乔布斯不再参与其中而感到遗憾。

在将近 25 年前，当我第一次见到史蒂夫·乔布斯时，他向我解释 NeXT 是他"30 多岁想做的事情"，这让我印象深刻。当时，我觉得这样以几十年为单位规划人生是一件很大胆的事情。特别是对于我们这些一生都在做大型项目的人来说，看到史蒂夫·乔布斯在他短暂的几十年人生里取得了令人难以置信的成就，真是令人鼓舞。而今天，他的生命却如此突然地终结了。

谢谢你所做的一切，史蒂夫。

第 10 章

马文·明斯基

2016 年 1 月 26 日

我记得自己第一次见到马文·明斯基是在 1979 年，当时我还是一个在美国加州理工学院研究物理学的青年。那是一个周末，我约了理查德·费曼讨论一些物理学问题。但那天费曼还有另一位访客，他并不只想讨论物理学，热情地提出了一个又一个意想不到的话题。

那天下午，我们开车经过加利福尼亚州的帕萨迪纳市，费曼的来访者显然并不关心实际的驾驶过程，却兴致勃勃地指出了人工智能要想完成驾驶任务所必须弄清楚的各种事情。当我们到达目的地时，我稍稍松了一口气，但很快，来访者又开始谈论另一个话题。他谈到大脑是如何工作的，然后说，如果人们有个不错的计划来搞清楚大脑是如何工作的，那么等他写完了下一本书，他很乐意让别人打开他的大脑，把电极放进去。

费曼经常会有一些古怪的访客，但我真的很好奇这个人是谁。又过了几次，我才知道这位古怪的来访者是计算和人工智能的先驱马文·明斯基，我很高兴能与他成为三十多年的朋友。

就在几天前，我还在说要去看望马文。当我听说他去世时，我非常难过。我开始回忆起这些年来我们交往的点点滴滴，以及我们共同的兴趣爱好。从 1981 年我的第一个大型软件系统 SMP，到

Mathematica、《一种新科学》、Wolfram|Alpha，以及最近的 Wolfram 语言，关于我人生中的每一个重大项目，我都与马文讨论过。

这张照片是我最后一次见到马文时拍的。他的健康每况愈下，但他很热衷于交谈。他见证了我超过 35 年的人生，他想告诉我他的评价："史蒂夫，你真的做到了。"你也是，马文！（我一直叫斯蒂芬，但不知为什么，上了一定年纪的美国人都习惯叫我"史蒂夫"。）

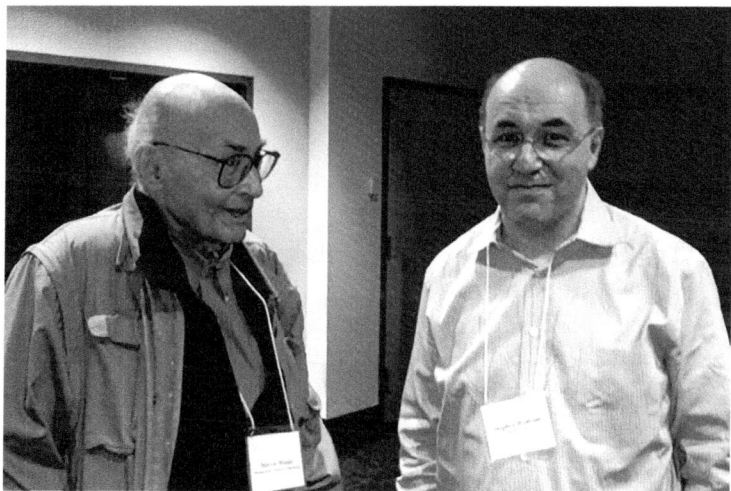

我所认识的马文是严肃与古怪的美妙结合。他几乎对任何话题都有自己的看法，而且往往很不寻常——有时会非常有趣，有时就是不寻常而已。我想起 20 世纪 80 年代初，我在美国波士顿访问时，从马文的女儿玛格丽特（Margaret，当时她在日本）那里转租了一套公寓。玛格丽特有一大批精心养护的植物，有一天我发现有些植物的叶子上长出了一些看起来很恶心的斑点。

我并不是这方面的专家（也没办法上网查资料！），于是我打电话给马文询问该怎么办。接下来，我们就开发微型机器人赶走粉蚧的可能性进行了长时间的讨论。虽然很吸引人，但最后我还是不得不问："我到底应该怎么处理玛格丽特的植物呢？"马文回答说："哦，我想你最好去找我妻子谈谈。"

几十年来，马文可能是世界上人工智能研究的最大能源。他是创意的源泉，他将这些创意传授给他在麻省理工学院一批又一批的学生。尽管细节有所改变，但他始终坚持自己的目标，即弄清思维是如何运作的，以及如何让机器做到这一点。

计算理论家马文

在我认识马文的时候，他倾向于主要谈论那些可以通过常识来解决的理论，也许是基于心理学或哲学的推理。不过，马文早年曾采取过不同的方法。他于 1954 年在美国普林斯顿大学所写的博士论文是关于人工神经网络的（《神经模拟强化系统理论及其在脑模型问题中的应用》，"Theory of Neural-Analog Reinforcement Systems and Its Application to the Brain Model Problem"），这是一篇充满技术性数学的论文。1956 年，马文发表了一篇题为《有限自动机的一些通用元素》（"Some Universal Elements for Finite Automata"）的论文，他在论文中谈到了如何"用少量基本元素构建复杂的机器"。

这篇特殊的论文只考虑了本质上有限的机器，这些机器直接基于人工神经网络的特定模型。但很快，马文就开始关注更一般的计算系统，并试图看看它们能做些什么。从某种意义上说，马文开始了对计算宇宙的探索。多年后，我也开始了这种探索，并最终写出了《一种新科学》一书。事实上，早在 1960 年，马文就非常接近与我最终所发现的相同的核心现象了。

和如今一样，在 1960 年，图灵机就被用作计算的标准基本模型。为了理解计算和潜在的大脑可以构建什么，马文开始研究最简单的图灵机 [只有两种状态和两种颜色，即 (2,2) 图灵机]，并用计算机找出 4096 台图灵机的实际行为。他发现大多数图灵机只有重复行为，少数有我们现在所说的嵌套或分形行为。事实上，马文在 1967 年出版的经典著作《计算：有限机器和无限机器》（*Computation: Finite and Infinite Machines*）一书中的最后一个练习就是基于此，并指出："D. G. 鲍布罗和作者通过烦琐的还原，将所有 (2,2) 图灵机还原为三十多种情况（1961 年，未发表）。"

多年以后，马文告诉我，他在 (2,2) 图灵机上付出了很多努力，不再有兴趣继续下去了。但是，直到 1991 年，我终于发现，如果只看 (2,3) 图灵机，那么在大约 300 万台图灵机中，有几台不再只是表现出简单的行为，而是从它们非常简单的规则中产生出巨大的复杂性。

早在 20 世纪 60 年代初，尽管马文没有通过搜索简单的"自然发生"的图灵机来发现复杂性，但他仍然希望构造出一台最简单的图灵机来展示复杂性。经过艰苦的努力，他于 1962 年提出了一台 (7,4) 图灵机，并证明了它的通用性（因此，从某种意义上来说，它能够任意地展示出复杂的行为）。

在当时，马文的 (7,4) 图灵机是已知最简单的通用图灵机。这个纪录保持了 40 年之久，直到我最终在《一种新科学》一书中发表了 (2,5) 通用图灵机。在如此长的时间后夺走马文机器的纪录，我感到有点内疚。但马文对此非常友善。几年后，他热情地同意加入我所设立的一个奖项的评审委员会，该奖项旨在确定我认为最简单的通用图灵机 (2,3) 图灵机是否真的是通用的。

没过多久，有人提交了一个通用性的证明，马文参与了一些验证的技术细节方面的工作。他指出，鉴于埃米尔·波斯特（Emil Post）在 1921 年，也就是马文还没出生的时候，通过被他称为标签系统的简单规则观察到的复杂性，也许我们都应该知道这样的事情是有可能发生的。

马文与神经网络

说到科学，有时似乎有两个马文。一个是受过数学训练的马文，他能够给出精确的定理证明；而另一个则是谈论大而古怪的想法、远离任何数学形式化的马文。

我认为，马文最终对数学和形式化所能达到的效果感到失望。早年，他曾认为，通过简单的人工神经网络，或许还有图灵机之类的东西，就能轻而易举地构建出像大脑一样工作的系统。但这似乎从未实现过。1969 年，马文与他的长期合作者数学家西摩·佩珀特（Seymour Papert）合写了一本书，证明了某类被称为感知器的简单神经网络无法（用马文的话说）"做任何有趣的事情"。

后来，让马文懊恼不已的是，人们拿这本书来证明，任何类型的神经网络都不可能做出任何有趣的事情，于是神经网络的研究几乎停滞不前。但是，就像 (2,2) 图灵机一样，更丰富的行为其实就潜藏在人们的视线之外。人们在 20 世纪 80 年代开始注意到这一点，但直到最近几年，随着计算机能够处理近乎大脑规模的网络，神经网络所能做的丰富事情才开始变得清晰起来。

虽然我不认为当时有人能够知道这一点，但我们现在知道，马文早在 1951 年就开始研究的神经网络实际上已经走上了一条道路，最终将实现他所期望的那种令人印象深刻的人工智能能力。可惜花费了这么长时间，马文却几乎没有机会看到这一切。（当我们去年发布基于神经网络的图像识别器时，我给马文发了一个链接，说："我从没想过神经网络会真的起作用……但是……"遗憾的是，我最终没能和马文讨论这个问题。）

马文与符号人工智能

马文最早是诵讨神经网络之类的东西来研究人工智能的。但也许是受到 LISP 语言发明者约翰·麦卡锡的影响，马文和他一起创建了麻省理工学院人工智能实验室，也开始考虑用更"符号化"的方法来研究人工智能。1961 年，马文让他的一个学生用 LISP 语言写了一个程序来进行符号集成。马文告诉我，他希望程序尽可能"像人一样"，会时不时停下来说"给我一块饼干"，而用户则必须回应"一块饼干"。

按照 Mathematica 或 Wolfram|Alpha 的标准，1961 年的集成程序非常原始。但我很高兴马文创建了它。因为它开启了我在麻省理工学院的一系列项目，最终促成了我在 20 世纪 70 年代所使用的 MACSYMA 系统，从很多方面来说，它开启了我在 SMP 上的努力，使之最终成为 Mathematica。

不过，马文本人并没有继续考虑用计算机来做数学题，而是开始研究如何用计算机来完成包括儿童在内的人类经常做的事情。马文的合作者西摩·佩珀特曾与发展心理学家让·皮亚杰共事，西摩对儿童的学习方式很感兴趣，而马文则积极参与了西摩为儿童开发计算机语言的项目，其成果就是 Scratch 的直接前身 Logo。在 20 世纪 70 年代，马文和西摩曾短暂地成立了一家公司，试图向学校推销 Logo 和硬件"海龟"（turtle）。

对我来说，马文的人工智能理论总有一丝神秘感。在某些方面，它们看起来像心理学，而在某些方面又像是哲学。但偶尔也会有一些软件或硬件声称实现了这些理论，而且往往是以我不太理解的方式实现的。

马文的学生丹尼·希利斯（Danny Hillis）和他的公司思维机器（理查德·费曼和我都曾是这家公司的顾问）开发的连接机（connection machine）可能是最引人注目的例子。一直以来，人们都认为连接机是为了实现马文关于大脑的理论之一而制造的，也许有一天会被视为"人工智能的晶体管"。但以我为例，我最终使用它的大规模并行架构来实现流体的元胞自动机模型，而不是任何与人工智能相关的东西。

马文总是会有新的想法和理论。甚至在制造连接机时，他还向我提供了他的《心智社会》（*The Society of Mind*）一书的草稿，书中谈到了人工智能的不同新方法。马文向来喜欢不走寻常路，他告诉我，他曾想过用诗歌的形式来写这本书。但是，这本书的结构最终有点像我与马文的许多对话：每页都有一个想法，通常是不错的，有时也会不太好，但总是生动有趣的。

我认为马文将《心智社会》视作他的旷世杰作，并且他对于没有更多的人理解和欣赏这本书感到失望。这本书在 20 世纪 80 年代问世，这可能也无济于事，因为当时人工智能正处于最低谷。但不知何故，我认为要真正欣赏书中的内容，就需要马文在那里，以他特有的个人活力来展示他的思想，并回应人们可能提出的任何反对意见。

马文和元胞自动机

马文的思考方式有点像古代哲学家，他习惯于通过思考来推断关于思维的理论。但马文对包括物理学在内一切事物都感兴趣。他并不是物理学形式主义方面的专家，但他确实对物理学课题做出了贡献（尤其是申请了一项共聚焦显微镜的专利）。通过他的老朋友埃德·弗雷德金（Ed Fredkin），他在 20 世纪 60 年代初就已经接触到了元胞自动机。他非常喜欢以元胞自动机为基础的物理学哲学，例如，他写了一篇题为《自然无真空》（"Nature Abhors an Empty Vacuum"）的论文，其中谈到了如何通过元胞自动机来设计物理学的某些特征。

马文在元胞自动机方面并没有太多建树，不过在 1970 年，他和弗雷德金在 Triadex Muse 数字音乐合成器中使用了类似元胞自动机的东西，申请了专利并进行了销售，这是基于元胞自动机进行音乐创作的早期先驱。

马文非常支持我在元胞自动机和其他简单程序方面的工作，不过我认为他觉得我对自然科学的取向有点格格不入。在我研究《一种新科学》的 10 年间，我经常与马文交流。他当时还在着手写一本关于情感的书，他在 1992 年告诉我，他希望这本书"能够改变人们对自己的思考方式"。我偶尔和他谈起他的书，我想我是试图了解这本书的认识论特征（我曾问他在这方面是否有点像弗洛伊德，他说是的）。马文花了 15 年时间才完成了《情感机器》（*The Emotion Machine*）一书。我知道他还计划写其他的书，比如在 2006 年，他告诉我他正在写一本关于神学的书，这书是"几年以后的事"。但遗憾的是，这本书最终未能问世。

马文本人

每次见到马文总是令人高兴，通常是在他位于美国马萨诸塞州布鲁克莱恩的大房子里。一进门，马文就会开始说些不寻常的话，比如"如果太阳今天不落山，我们会得出什么结论？"，或者是"你一定要来看看我温室里真正的二叉树"。曾经有人告诉我，马文几乎什么都能讲，但如果想让他讲得好，就应该在他开始讲之前问他一个有趣的问题，然后他就会围绕这个问题展开演讲。我意识到这也是与马文谈话的方法：提出一个话题，然后他就会说一些不寻常的但往往有趣的东西。

记得几年前，我曾提到过编程教学的话题，并希望 Wolfram 语言能与之相关。马文立刻开始谈论编程语言是如何成为人们在能够阅读之前唯一需要会写的语言的。他说，他一直在试图说服西摩·佩珀特，教编程的最好方法就是从向人们展示优秀的代码开始。他举例说，在教授音乐时，可以给人们听《小夜曲》，然后让他们把它换成不同的节奏，看看会出现什么问题。（马文是古典音乐的长期爱好者。）同样，我们上周刚刚推出的 Wolfram 编程实验室（Wolfram Programming Lab）让人们学习编程的方法之一，就是从好的代码开始，让他们对其进行修改。

马文身上总有一种温情。他喜欢并支持别人，他与各种有趣的人交往，他喜欢讲述关于人的美好故事。尽管多年来，他的房子里堆满了东西，唯一空闲的地方就是厨房桌子的一小部分，但他的房子似乎总是热闹非凡。

马文对思想也有着极大的热爱，无论是那些看起来很重要的思想，还是那些奇怪而不寻常的思想。但我认为，马文最大的乐趣是将思想与人联系起来。他是一名思想的黑客，我认为，当他把这些思想当作一种与人联系的方式时，这些思想对他来说就变得有意义了。

　　我会怀念所有那些关于思想的对话，无论是我认为有意义的，还是我认为没有意义的。当然，马文一直是人体冷冻术的忠实爱好者，所以也许这并不是故事的结局。但至少现在，再见了，马文，谢谢你。

第 11 章

拉塞尔 · 托尔

2008 年 10 月 10 日

我每年都会收到几次邮件，这些邮件来自一位几何世界的冒险家。有时邮件主题会写着"惊人的发现！！！"，通常还会附上图片，以及故事，讲述了拉塞尔·托尔（Russell Towle）如何使用 Mathematica 发现了又一个奇妙的几何体。

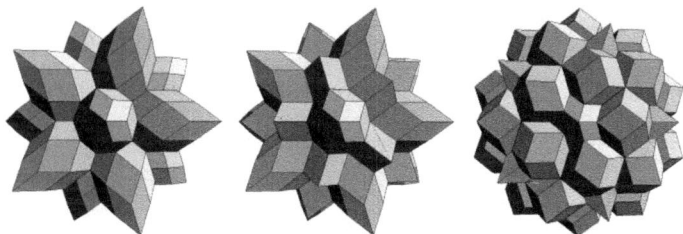

今年 8 月，我又收到了一封邮件，这次是拉塞尔·托尔的儿子发来的："……昨晚，我父亲在一场车祸中去世了。"

我第一次收到拉塞尔·托尔的来信是在 13 年前，当时他写信给我，建议扩展 Mathematica 的图形语言，使其不仅包含多边形和立方体的基元，还包含极环带多面体（polar zonohedra）[①]的基元。我现在记不起来了，但我强烈怀疑当时我从未听说过环带多面体（zonohedra）[②]。但拉塞尔·托尔的信中附有一些有趣的图片，我们回信表示鼓励。

很快就有了更多的信息。拉塞尔·托尔住在美国加利福尼亚州内华达山脉的一个偏远地区，那里有一座他自己设计的六边形房子。他是阿基米德的粉丝，为了更好地理解阿基米德的著作，他学习了古希腊语。他不仅是一位独立数学家，还是一位音乐家和一位颇有成就的地域历史学家。

在随后的几年里，拉塞尔·托尔编写了无数的 Mathematica 程序，在《Mathematica 杂志》（*The Mathematica Journal*）上发表了自己的作品，制作了视频 [《正多胞体：电影》（*Regular Polytopes: The Movie*）、《快乐结合的环带多胞体》（*Joyfully Bitten Zonotope*）……]，最近又开始在 Wolfram 演示项目（Wolfram Demonstrations Project）上发表作品。

---

① 极环带多面体是从连接任何正 n 边形棱柱（对于 n 为偶数）或反棱柱（对于 n 为奇数）的对角顶点的星形多边形派生而来的凸环带多面体（参见下一条脚注）。这个环带多面体的面由 n 个相等的菱形围绕一个顶点，其上再加 n 个菱形，依此类推面组成，总共有 $n-1$ 组 n 个菱形，最后以围绕对角顶点的菱形结束（Franklin 1937；Coxeter 1973, p. 29）。（摘译自 Wolfram MathWorld）——译者注
② 考虑过空间中一点的任意一个 n 条线段组成的星形，使得没有三条线共面。那么存在一个多面体，被称为环带多面体，其面由 $n(n-1)$ 个菱形组成，其棱平行于给定的 n 条线段，每组棱有 $2(n-1)$ 条。此外，对于每一每个给定的线段，存在一对相对的面，其边在这些方向上（Ball & Coxeter 1987, p. 141）。因此，环带多面体是一个每个面都具有中心对称性的多面体（Towle 1996, Eppstein）。（摘译自 Wolfram MathWorld）——译者注

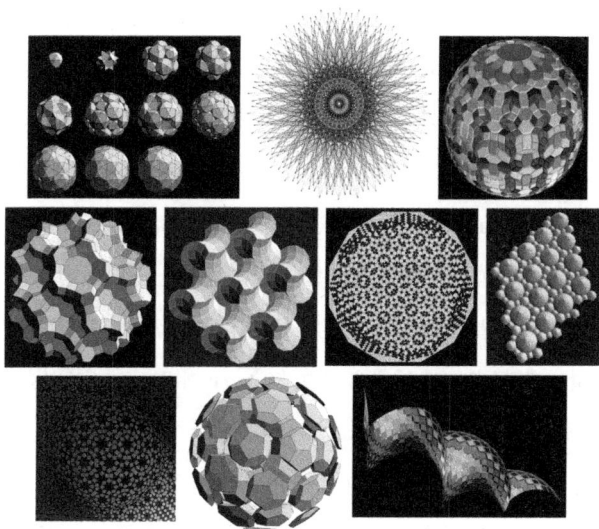

　　1996 年，他给我发来了可能是我所见过的第一张用 Mathematica 绘制的数字高程数据图像。

　　他给我的最后一封信是今年 5 月写的，他在信中解释说："在这个过程中，我突然想到，将平面镶嵌的环带多边形（zonogon）视为像素点会很有趣。随信附上一个例子，我将一张蝴蝶的照片映射到了一块彭罗斯镶嵌上。"

多年来，环带多面体一直是拉塞尔·托尔的最大爱好。

我们知道，柏拉图立体[①]有5个，它们的每个面和每个顶点都具有相同的规则形式。另外还有13个阿基米德立体 [`PolyhedronData` [`"Archimedean"`]，包括截半立方体（cuboctahedron）、截半二十面体（icosidodecahedron）、截角立方体（truncated cube）等]，它们的构建要求每个顶点的构造相同，但允许有不止一种规则面。

环带多面体基于一种不同的多面体构造方法。它们以原点处的一组向量 v_i 为起点，然后简单地由与 $\sum a_i v_i$ 相对应的空间区域组成，其中 $0 < a_i < 1$。

在两个向量的情况下，这种结构总能得到一个平行四边形。而在三维空间中，如果有三个向量，则会得到一个平行六面体。随着向量数量的增加，我们会看到很多熟悉的（和不太熟悉的）多面体。

我不确定"已知的"多面体（例如 `PolyhedronData` 中包含的多面体）在环带多面体空间中是如何分布的。这个问题很适合问拉塞尔·托尔。在我的印象中，正如环带多面体那样，许多"著名的"多面体都有简单的最小表示形式。但是，完整的环带多面体空间包含了各种不同寻常的形式，不管出于什么原因，这些形式在多面体的传统历史发展中从未出现过。

拉塞尔·托尔发现了一些特殊的环带多面体族，它们具有有趣的数学和美学特性。环带多面体不仅具有各种各样的数学联系（例如，它们是由高维立方体的投影形成的），而且正如拉塞尔·托尔在他给我的第一封信中所建议的那样，作为对称几何形式的便捷参数

_____

① 即正多面体。——编者注

化方法，可能具有实际的重要性。

例如，近年来，环带多面体开始进入建筑领域。事实上，一座 600 英尺高的近似环带多面体的瑞士再（Swiss Re）保险公司大楼（"小黄瓜"）如今已成为伦敦天际线的亮点。

多面体有一种奇妙的永恒性。我们看到，古埃及的骰子是十二面体的。我们在列奥纳多·达·芬奇（Leonardo da Vinci）的插图中也能看到多面体。但不知何故，所有这些多面体，无论来自何处，看起来都很现代。

在两千多年后的今天，多面体世界还有更多值得探索的地方，这似乎很了不起。部分原因是我们生活在一个拥有新工具的时代，我们可以用 Mathematica 来探索几何形状的宇宙。还有一部分原因是，像拉塞尔·托尔这样对多面体充满热情、直觉敏锐、技术娴熟的人少之又少。

很高兴拉塞尔·托尔有机会向我们展示更多环带多面体的世界。可惜他离开得太早，无疑还有许多令人着迷的环带多面体类型有待我们去发现，这让人感到遗憾。

第 12 章

伯特兰·罗素与阿尔弗雷德·怀特海

2010 年 11 月 25 日

一百年前的这个月，怀特海和罗素近 2000 页的巨著《数学原理》（*Principia Mathematica*）第 1 卷出版。经过十年的酝酿，该书一页又一页地展示了如何从逻辑中推导出数学真理。

《数学原理》是鼓舞人心的，因为它显然凝聚了巨大的努力。作为一生中大部分时间都在从事大型智力项目的人，我对此感同身受。

在我自己的工作中，Mathematica 与《数学原理》的目标都是使数学形式化，但由于前者是建立在计算概念之上的，采用了一种完全不同的方法，因而结果也就大相径庭。而在《一种新科学》一书中，尽管我的结论也与《数学原理》截然不同，但我其中一个目标和《数学原理》相同，那就是要了解数学背后的东西。

自欧几里得以来，数学证明一直是一种形式化的活动。但一直以来，人们都默认数学，连同它的数和几何图形，在某种程度上仍在谈论自然世界中的事物。

但在 19 世纪中叶，这种情况开始发生了变化，特别是引入了非欧几何和普通数以外的代数之后。到了 19 世纪末，人们普遍倾向于把数学看成独立于自然世界的抽象形式主义。

与此同时，自亚里士多德以来，在某种意义上已经出现了另一种形式主义——逻辑学。它最初是为了表示特定类型的理想化的人类论证，但逐渐被认为可以表示任何有效的推理形式。在逻辑学的大部分历史中，逻辑学的研究和教授都是与数学完全分开的。但在 19 世纪，它们之间开始有了联系。

乔治·布尔展示了如何用代数术语（布尔代数）来表述基本逻辑。然后戈特洛布·弗雷格在德国独自工作，发展了谓词逻辑 ["对于所有"（for all）、"存在"（there exists）等]，并使用了集合论的一个版本，试图用纯粹的逻辑术语来描述数与数学。

《数学原理》正是在这种背景下诞生的。它的两位作者为这个课题带来了不同的东西。艾尔弗雷德·诺思·怀特海（Alfred North Whitehead）是英国剑桥大学的知名学者，1898 年，37 岁的他出版了《泛代数论》（*A Treatise on Universal Algebra*），"对与普通代数相关的各种符号推理系统进行了深入研究"。该书讨论了布尔代数、四元数和矩阵理论，以它们为基础，对代数和几何中的主题进行了简洁而又相当传统的处理。

伯特兰·罗素（Bertrand Russell）比怀特海年轻 11 岁。他在剑桥大学读本科时学的是数学，到 1900 年时，28 岁的他已经出版了从德国社会民主主义、几何基础到莱布尼茨哲学的各种书籍。

数学的本质和数学真理是哲学家们经常争论的共同话题，自柏拉图以来，在某种程度上一直如此。罗素似乎相信，通过利用最新的发展，他可以一劳永逸地解决这些争论。1903 年，他出版了《数学的原理》（*The Principles of Mathematics*）[①]第 1 卷（没有出版第 2 卷），这实质上是一份没有数学形式主义的调查报告，介绍了如何从逻辑角度看待数学的标准领域。

他的基本概念是，通过运用逻辑来严格界定所有相关定义，就有可能以严谨的方式推导出数学的每一部分，从而立即回答有关数学本质和哲学的问题。但在 1901 年，当他试图用逻辑术语来理解无限的概念，并思考说谎者悖论（"这句话是谎话"）等古老的逻辑问题时，他遇到了一个看似根本性的矛盾的问题—— 一个自我参照的悖论（罗素悖论），即所有不包含自身的集合组成的集合，是否事实上包含自身。

---

① 为避免混淆，我们将罗素的 *The Principles of Mathematics* 一书译为《数学的原理》。据罗素所说，这本书相当于《数学原理》的不成熟的草稿。——编者注

　　为了解决这个问题，罗素提出了他的类型论，这通常被视为他对数理逻辑最具原创性的贡献。其实质是试图通过将集合、集合的集合等视为不同的"类型"来区分它们，然后限制它们的组合方式。我必须说，我认为"类型"有点像一个权宜之计。事实上，我一直认为"数据类型"的相关概念在很大程度上阻碍了编程语言的长期发展。（例如，Mathematica 正是因为避免使用类型而获得了极大的灵活性，即便它在内部确实使用了类似类型的东西来满足各种实际效率。）

　　总之，早在 1900 年左右，当罗素和怀特海都在尝试扩展他们的数学形式化时，他们决定启动耗费他们十年生命的项目，这就是《数学原理》。

　　特别是自 17 世纪后期戈特弗里德·莱布尼茨的研究起，人们一直在讨论开发一种超越人类语言不精确性的数学符号。1879 年，戈特洛布·弗雷格出版了他的《概念书写》（Begriffsschrift），这是在概念和功能方面的一大进步，但其奇特的二维布局使之几乎无法阅读，也无法经济地印刷。19 世纪 80 年代，朱塞佩·佩亚诺发明了一种更简洁、更线性的符号，其中大部分至今仍在使用。

　　佩亚诺选择用一种自己构建的（基于古典拉丁语的）语言 Interlingua 来撰写他的叙述性文字，这并不利于其著作的传播。但在 1900 年，罗素还是连续两次参加了在巴黎举行的哲学和数学会议（希尔伯特在会上宣布了他的问题），见到了佩亚诺，并确信他的数学形式化尝试应该以佩亚诺的符号和方法为基础。[罗素在会议上发表了一个明显前相对论的哲学演讲，讨论了时空事件的绝对排序，他的妻子艾丽斯（Alys）则发表了关于妇女教育的演讲。]

从欧几里得时代起，就已经有了数学可以从一小组初始公理出发构建的想法。但罗素和怀特海希望有尽可能小的公理集，并让这些公理不是基于观察自然世界得出的想法，而是基于他们认为更坚实、更普遍的逻辑基础。

以当今计算机和编程的经验来看，只要有足够的"代码"，人们就能从逻辑和集合的基本概念出发，成功地建立起数和其他标准数学结构，这似乎并不奇怪。事实上，弗雷格、佩亚诺等人在 1900 年以前就已经开始了这一进程。但是，《数学原理》的分量之重，让这一点显得既令人惊讶又影响深远。

当然，第 2 卷直到 80 多页才证明（命题"*110.643"）1+1＝2（并附注释"上述命题偶尔有用"），但这并没有对这本书给人的整体印象造成影响。

我不知道罗素和怀特海是否打算让人类读懂《数学原理》，但最终在多年后，罗素估计了一下，大概也就只有 6 个人读完了整本书。在现代人看来，使用佩亚诺的点符号代替括号相当困难。另外，还有定义的问题。

《数学原理》第 1 卷的末尾，列出了大约 500 个"定义"，每个定义都有一个特殊的符号。在许多方面，这些定义与 Mathematica 的内建函数类似。但在《数学原理》中，所有这些对象都没有使用基于英语的名称，而是被赋予了特殊的符号表示。最初的几页并不难理解，但翻到第二页，就会看到各种奇怪的字符，至少我已经对解读它们失去了希望。

除了这些符号问题之外，《数学原理》和 Mathematica 中的数学形式化还有更为本质的区别。因为在《数学原理》中，其目的是展示真正的数学定理，并表示证明这些定理的过程。而在 Mathematica 中，其目的则是计算：使用数学表达式，并对其进行求值。

（这些目的上的差异导致了许多特性上的差异。例如，《数学原理》总是试图给出一些约束条件，间接指明它想谈论的结构。而在 Mathematica 中，整个想法就是要有明确的符号结构，从而可以用这些结构进行计算。）

自《数学原理》问世以来的一百年间，以形式化方式来呈现数学定理的进程发展缓慢。但是，数学计算的理念却进展迅速，改变了数学的使用和其发展的许多领域。

那么，《数学原理》的概念目的又是什么呢？罗素在《数学原理》的导言中解释说，他打算"将（数学命题）整体还原为某些基本的逻辑概念"。事实上，他甚至给"纯粹数学"下了一个他认为非常一般化的定义，即所有真的逻辑语句都只包含如 p 和 q 之类的变量，而不包含如"纽约市"之类的字面意义。（他提出，应用数学可以通过将变量替换为字面意义来实现。）

但为什么要从逻辑开始呢？我认为罗素只是假定逻辑是最基本的东西，是所有形式过程最终无可争议的表征。传统的数学构造，如数与空间，在他的想象中是与我们世界的具体事物相关联的。但他认为，逻辑是一种"纯粹的思想"，是一种更普遍的、完全独立于我们世界具体事物的东西。

在我创作《一种新科学》之前的工作中，我从研究自然世界开始，却发现自己越来越倾向于去概括传统数学架构之外的东西。但我最终并没能通过逻辑得出结论。相反，我开始考虑所有可能的规则类型，或者正如我倾向于（利用现代经验）描述的那样，所有可能的程序的计算宇宙。

其中一些程序描述了自然世界的某些部分，一些程序为我们提供了有趣的技术素材，还有一些则与逻辑和数学等传统形式系统相对应。

有一件要做的事，就是研究所有可能的公理系统的空间。与《数学原理》中考虑的那种蕴涵系统相比，现代方程系统中存在着一些技术问题。但基本的结果是，在所有可能的公理系统的空间中，散布着在数学及相关领域发展历史中所出现的特定公理系统。

逻辑有什么特别之处吗？我认为并没有。

在《数学原理》中，罗素和怀特海最初使用一套相当复杂的传统公理来定义逻辑。在该书的第 2 版中，他们特别指出，通过用 NAND（谢费尔竖线）而不是 AND、OR 和 NOT 来书写一切，就有可能使用一个简单得多的公理系统。

2000 年，通过对可能的公理系统的空间进行搜索，我找到了标准命题逻辑的最简单的（等式）公理系统：只有一个公理

$$((a.b).c).\big(a.((a.c).a)\big) = c$$

从这一结果中，我们可以知道逻辑在可能的形式系统的空间中的位置：在按大小顺序对公理系统进行自然枚举时，它大约是人们会遇到的第 50 000 个形式系统。

数学的其他一些传统领域，如群论，也处于类似的位置，但大多数都需要更大的公理系统。最终的情况似乎与罗素和怀特海的想象大相径庭。这并不是说人类思想所构想的逻辑是万物之源。相反，有许多可能的形式系统，有些是由自然世界选择出来的，有些则是

由数学的历史发展筛选出来的，但大多数都是有待探索的。

在撰写《数学原理》一书时，罗素的主要目标之一就是证明所有数学知识都可以从逻辑中推导出来。事实上，该书的厚重感直接为这一观点提供了支持，并为逻辑学（以及罗素）带来了如此高的可信度，以至于罗素能够在其漫长余生的大部分时间里，自信地将逻辑学作为一种解决道德、社会和政治问题的成功途径。

当然，库尔特·哥德尔在 1931 年证明，没有任何有限系统（无论是逻辑或是其他）可以用来推导出所有的数学。事实上，他的论文标题正是指《数学原理》这个形式系统的不完备性。然而，此时的罗素和怀特海都已转向其他领域，都没有回来探讨哥德尔定理对他们项目的影响。

那么，我们是否可以说，逻辑在某种程度上是数学的基础这一观点是错误的呢？从概念层面上来看，我认为是的。但在历史的奇妙转折中，逻辑实际上正是用来实现数学的。

目前所有的计算机内部都是由大量逻辑门组成的电路，每个逻辑门通常执行与非（NAND）运算。因此，举例来说，当 Mathematica 在计算机上运行并实现数学运算时，它正是通过调用计算机硬件中的逻辑运算来实现的。（需要说明的是，计算机实现的逻辑是基本的命题逻辑，而不是《数学原理》最终所使用的结合集合论的更复杂的谓词逻辑。）

我们从计算的通用性，更准确地说，是从计算等价性原理中得知，事情并不一定要这样运作，有许多截然不同的计算基础可以使用。事实上，随着计算机发展到分子尺度，标准逻辑很可能不再是最方便使用的基础。

但是，为什么今天的计算机要使用逻辑呢？我猜想，这其实与《数学原理》有很大关系。因为从历史上看，《数学原理》极大地提升了逻辑的重要性，它所留下的光辉在许多方面至今仍伴随着我们。只是我们现在明白，逻辑只是促使我们完成事情的一种基础，而不是唯一能想到的一种。

（熟悉逻辑技术的人可能会抗议说，"真理"的概念与传统逻辑有着某种紧密的联系。我认为这只是一个定义上的问题，但无论如何，对数学来说已经明确的一点是，计算答案比仅仅陈述真理要重要得多。）

在《数学原理》问世一百年后的今天，数学基础中的基本问题仍有许多不解之处。我们不禁要问，在未来的一百年里，我们还能取得哪些进展呢？

当我们看《数学原理》时，它强调展示作者得出的特定数学真理。而如今，出于众多特定的目的，Mathematica 每天都在自动提供数以百万计的数学真理。

然而，现在的情况仍然是，它的操作对象只是一些碰巧在数学或其他领域被研究过的形式系统。甚至在《一种新科学》一书中，我也集中讨论了一些我认为有趣的程序或系统。

但是我猜，自动化程度在未来会更上一层楼。也许用不了一百年，到那时，不仅是按命令进行计算，而且是按命令建立这些计算所依据的系统，这些都将变得司空见惯。比如能瞬间根据某些特定的目的，开发出类似于《数学原理》的一整个系统。

第 13 章

理查德·克兰德尔

2012 年 12 月 30 日

理查德·克兰德尔（Richard Crandall）喜欢称自己为"计算主义者"，因为尽管他接受的是物理学训练（并在美国里德学院担任物理学教授多年），但计算却是他生活的中心。他将计算应用于物理学、工程学、数学、生物学……，以及技术领域。他是实验数学的先驱，与苹果公司和史蒂夫·乔布斯合作多年，并为自己发明了"至少 5 种用于 iPhone 的算法"而自豪。他也是 Mathematica 的早期使用者，是 Mathematica 社区的知名人物。当他在圣诞节前去世时，64 岁的他正在努力完成他最新的、风格迥异的项目——一本史蒂夫·乔布斯的"思想传记"，我曾建议他将其命名为《从科学家到乔布斯先生》。

我第一次见到理查德·克兰德尔是在 1987 年，当时我正在开发 Mathematica，而他则是史蒂夫·乔布斯 NeXT 公司的首席科学家。理查德曾率先在苹果 Macintosh 计算机上使用 Pascal 语言来教授科学计算。但他一看到 Mathematica，就立即采用了它，并在四分之一世纪的时间里，用它完成了一系列了不起的发现和发明。

他还为 Mathematica 及其应用做出了巨大贡献。事实上，早在 1988 年 Mathematica 1.0 发布之前，他就不断访问我们公司，贡献他在特殊函数数值计算方面的专业知识（他最喜欢的是多重对数函数

和类 ζ 函数）。然后，在 NeXT 计算机发布后，他编写了可能是有史以来第一个基于 Mathematica 的应用程序：一个名为 Gourmet（美食家）的"超级计算器"，他说它"把其他计算器当早餐吃"。几年后，他又写了一本名为《科学中的数学》（*Mathematica for the Sciences*）的书，开创了使用 Mathematica 程序进行阐述的先河。

多年来，我与理查德就很多事情进行过交流。通常都是以一条"打电话给我"的信息开始。然后我就拿起电话，总是不知道接下来会发生什么。理查德会谈论他在数论方面的最新成果，或是最新的苹果图形处理单元，或是他的流感流行病学模型，或是在 iOS 上运行 Mathematica 的重要性，或是超长整数相乘的新方法，或是他在图像处理方面的最新成就，或是重建分形脑几何学的方法。

从高度理论性的研究到高度实践性的工作，理查德在众多领域都做出了贡献。不过他总是有点过于具有开创性，以至于无法跻身主流之列，因此，他广为人知的领域并不多。不过，近年来，他在实验数学方面的开创性工作，尤其是在质数及其相关函数的应用方面的工作，开始得到认可。但他始终知道，他的工作对整个世界最直接的意义，来自他在幕后为苹果公司所做的工作。

理查德于 1947 年出生在美国密歇根州安阿伯市。他的父亲是一名精算师，后来成为复杂的公司保险欺诈案领域一名抢手的专家证人。理查德告诉我，他父亲教会了他"绝对不要害怕大数"。理查德在洛杉矶长大，先在加州理工学院学习（在那里他遇到了理查德·费曼），然后在俄勒冈州的里德学院学习。之后，他进入麻省理工学院学习高能粒子散射数学物理（雷杰理论），并于 1973 年获得博士学位。此外，他还成为一名电子企业家，主要从事安全系统方面的工作，发明了一种新型运算放大器和一种新型报警系统（并申请了专利）。博士毕业后，他来到纽约，在那里他设计了一种用于摩天大楼的计算机化消防安全和能源控制系统。作为业余爱好，他研究了量子物理学和数论，在搬回俄勒冈州为那里的一家电子公司工作后，他于 1978 年受聘到里德学院担任物理学教授。

几年前，史蒂夫·乔布斯结束了在里德学院的短暂逗留，不过在他努力使里德学院实现计算机化的过程中，理查德跟他有了联系，两人的关系一直持续到史蒂夫生命结束。我对理查德为 NeXT 和苹果所做的工作一无所知。有一段时间，他是苹果公司的首席密码专家，发明了一种快速的椭圆曲线加密技术。后来，他还参与了压缩、图像处理、触摸检测等许多工作。

在此期间，理查德一直担任物理学教授。早期，他曾因创建简易物理实验（"用 10 美元的设备在桌面上测量光速"）而获奖。到了 20 世纪 80 年代中期，他开始专注于将计算机用于教学，并越来越多地用于研究。理查德多年来一直追求的一个特别方向是利用计算机研究数的性质，例如寻找特定类型的质数。特别是当他拥有了 Mathematica 之后，他开始涉足越来越复杂的数论数学，尤其是围绕质数的研究，与他人合著了（借助 Mathematica 的）权威教科书《质数：计算视角》（*Prime Numbers: A Computational Perspective*）。

他发明了更快的方法来处理超长整数的算术运算，这些方法对早期众包发现质数起到了重要作用，事实上，这些方法以修改后的形式在 Mathematica 中沿用至今。通过使用 Mathematica 进行实验数学，他发现了一系列与 ζ 函数相关的奇妙结果和恒等式，成就堪比拉马努金（Ramanujan）。他特别引以为傲的是，他那些能够快速计算各种类 ζ 函数（特别是多重对数函数和马德隆求和）的算法。事实上，今年早些时候，他将自己 20 年来在这一领域的研究成果以论文的形式寄给了我，这篇论文是献给 Wolfram Research 公司数值小组的创始人杰里·凯佩尔（Jerry Keiper）的。

理查德总是热衷于以他独有的方式进行展示。通过他的"工业算法"公司 Perfectly Scientific，他发布了一张包含每个新发现的梅森质数数字的海报。海报的价格随着数字位数的增加而提高，为了方便起见，他的公司还出售钟表匠的放大镜，以便人们读取海报上的数字。

理查德总是带着某种迷人的庄重感，他的谈话中不时出现"请允许我引您注意"这样的短语。事实上，就在我写这篇文章的时候，我在他的《科学中的数学》开篇中发现了一个典型的理查德式的夸张例子："有人说，人类的进化在我们的前爪离开地面时发生了一次巨大的、不连续的转向。一旦飞到空中，我们的双手就可以自由地做'其他事情'了，比如制造工具。……"最终，正如他在"诚然只是猜测性的漫谈"之后所解释的那样，我们有了计算机和 Mathematica……

理查德定期去看望史蒂夫·乔布斯和他的家人，最后一次是在史蒂夫去世前几天。他总是被史蒂夫深深地折服，同时也感到沮丧，因为他觉得人们并不了解史蒂夫的才智。他对沃尔特·艾萨克森（Walter Isaacson）撰写的大获成功的史蒂夫传记十分不满，于是开始着手撰写自己的史蒂夫"思想传记"。他有很多关于史蒂夫的有趣个人轶事以及他与史蒂夫之间的交往故事，但他坚持认为他的书应该讲述"真实的故事"，关于思想和技术的故事，并且应该不惜一切代价避免至少他认为是"八卦"的东西。起初，他想把自己完全排除在故事之外，但我想自己成功地说服了他，作为"史蒂夫·乔布斯的科学家"，他别无选择，只能置身于故事之中，并在书中讲述自己的故事。

理查德在很多方面都是一个相当特立独行的人。但他总是喜欢谈论他现年 15 岁的女儿，他总是很正式地称她为"埃伦·克兰德尔"（Ellen Crandall）。他对很多事情都有自己的理论，包括养育孩子，他认为自己的至理名言之一就是："养育一个无神论者的孩子，最有效的方法就是有一名牧师父亲。"事实上，就在他去世前几周，在我与他的最后一次交流中，他惊叹于他的女儿从一个"纯白的起点"开始，"突然在巨大的白色海报板上画满了细致入微的绘画"。

虽然理查德的整体健康状况并不完美，但他在许多方面仍处于人生的黄金时期。他对未来有着雄心勃勃的计划，包括数学、科学和技术方面，更不用说撰写史蒂夫·乔布斯的传记了。但几周前，他突然病倒，不到十天就去世了。他的生命过早地结束了。但是，在他独特的一生中，他发明了许多在其他情况下可能永远不会出现的东西。

我会怀念理查德的奇思妙想，怀念他神秘的"打电话给我"的信息，以及最近几乎每月一次的关于在 iPhone 上安装 Mathematica 的重要性的动员讲话。（我很抱歉，理查德，我们没能及时完成它。）

理查德总是想象着可能发生的事情，然后以他独特的方式坚持不懈地努力去实现它。在世界各地，无数人每时每刻都在使用 iPhone。而他们不知道的是，里面的算法正在运行，这些算法代表了理查德·克兰德尔这个有趣而富有创造力的人物的一小部分灵魂，现在正以代码的形式存在着。

第 14 章

斯里尼瓦瑟·拉马努金

2016 年 4 月 27 日

以前人们通信是发送实体邮件，现在则通常是发送电子邮件。多年来，我不断收到来自世界各地的邮件，这些邮件提出了大胆的主张，关于质数、相对论、人工智能、意识或其他许多事情，但我却很少或根本没有回复他们的问题。我总是忙于自己的想法和项目，以至于往往会推迟查看这些信息。但最终，我会尽量至少浏览一下这些邮件，这么做，在很大程度上是因为我还记得拉马努金的故事。

大约在 1913 年 1 月 31 日，英国剑桥一位名叫戈弗雷·哈罗德·哈代（Godfrey Harold Hardy）的数学家收到了一摞论文，其投稿信开头写道："亲爱的先生，请允许我向您自我介绍一下，我是马德拉斯①港口信托办公室会计部的一名职员，年薪只有 20 英镑。我现在大约 23 岁……"随后信中提到，作者在数学发散级数理论方面取得了"惊人的"进展，几乎解决了长期以来困扰数学界的质数分布问题。投稿信的最后写道："我很穷，如果您认为我的文章有什么价值，我希望自己的定理能够发表出来……。由于缺乏经验，我非常重视您给我的任何建议。请原谅我给您带来的麻烦。亲爱的先生，您真诚的 S. 拉马努金敬禀。"

---

① 印度地名，即今金奈。——编者注

接下来是至少 11 页的数学方面的技术成果（至少有 2 页现在已经丢失）。有几条内容乍一看似乎很荒谬，比如所有正整数的和可以被认为等于 $-1/12$：

$$1+2+3+4+5+6+\cdots=-\frac{1}{12}$$

还有一些陈述提出了一种数学的实验性方法：

有些东西就比较奇特了，好几页都有这样的公式：

这些是什么？它们从何而来？它们到底对不对呢？

这些概念都是大学水平微积分课程中耳熟能详的东西，但这些并不只是复杂的大学微积分练习。相反，当我们仔细观察时，每道题都有一些更奇特、更令人惊讶的地方，而且似乎涉及完全不同层面的数学。

如今，我们可以使用 Mathematica 或 Wolfram|Alpha 来检查结果，至少在数值上是这样。有时，我们甚至只需输入问题，就能立即得到答案：

$$\text{In[1]:=}\quad \sum_n^\infty \frac{\text{Coth}[n\,\pi]}{n^7}$$

$$\text{Out[1]=}\quad \frac{19\,\pi^7}{56\,700}$$

$$\text{In[2]:=}\quad \prod_k^\infty\left(1+\left(\frac{2n+1}{n+k}\right)^3\right)$$

$$\text{Out[2]=}\quad \frac{\text{Cos}\left[\frac{1}{2}\sqrt{3}\,\sqrt{-(1+2n)^2}\,\pi\right]\text{Gamma}[1+n]^3}{\pi\,\text{Gamma}[2+3n]}$$

是的，正如哈代在 1913 年发现的那样，第一个惊喜是，这些公式基本上都是正确的。但是，会是什么样的人创造了这些公式呢？他是如何做到的？它们是否是某个更大图景的一部分，或者从某种意义上来说，只是数学中零散的随机事实？

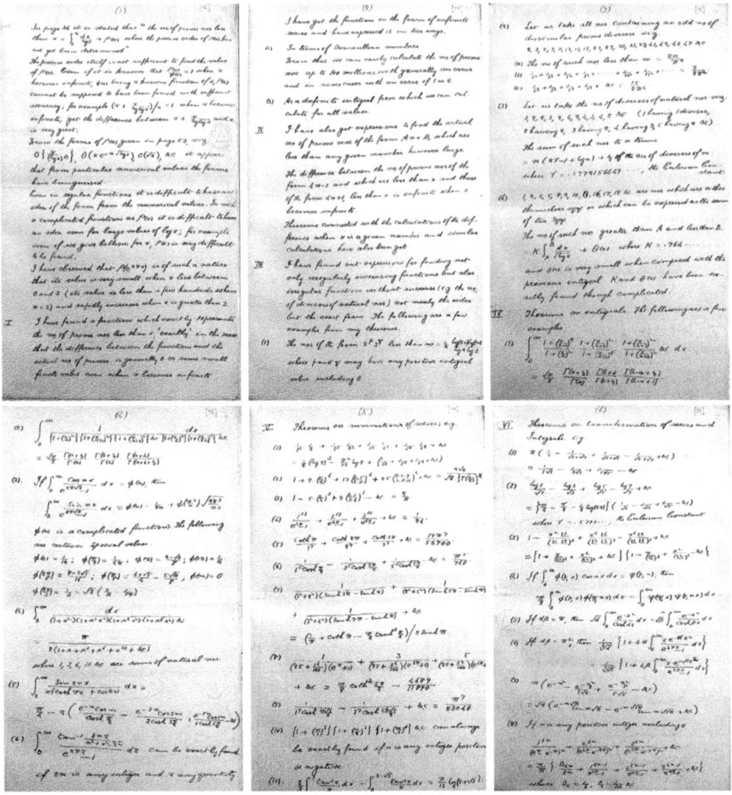

故事的开始

毋庸置疑，这背后有一个关于人物的故事——斯里尼瓦瑟·拉马努金（Srinivasa Ramanujan）的非凡故事。

拉马努金于 1887 年 12 月 22 日出生在印度的一个小镇上（因此他给哈代写信时不是"大约 23 岁"，而实际上是 25 岁）。他的家庭属于婆罗门种姓（祭司、教师……），但家境一般。印度的英国殖民统治者建立了一套结构化的学校体系，拉马努金 10 岁时就在所在地区的标准考试中取得了第一名的好成绩，从而脱颖而出。他还以记忆力超群著称，能够背诵 π 等数的数字以及梵文词根等内容。17 岁高中毕业时，他的数学才能得到了认可，并获得了大学奖学金。

上高中时，拉马努金就开始自学数学，并进行自己的研究（特别是关于欧拉常数的数值计算和伯努利数的性质）。在 16 岁时（在很久以前那个没有互联网的年代！），他有幸得到了一本（至少在 1886 年的时候）非常出色和全面的 1055 页的高级本科数学摘要，以计算结果的方式编排，编码一直排到了 6165。这本书是由英国剑桥大学一位导师为竞争异常激烈的数学"三足凳"考试[①]而编写的，其

[①] 剑桥大学的"三足凳"（Mathematical Tripos）考试起源于 18 世纪初，原本是英国某些大学考核人文教育成绩的一种手段，监考教师会安排特定的一至数名对手捉出刁钻的问题，考生则要用拉丁语应答。据说早期考生要坐在特制的三足凳上，故以"三足凳"名之。还有一个说法则是，在 17 世纪的毕业典礼上，由一位早年的优等毕业生坐在三足凳上朗读诙谐的诗句，这些诗就被称为 Tripos verses（三足凳诗），而印在诗句背面的毕业生名单就被说成 Tripos list（三足凳名单）。但是不久后，"三足凳"考试就扩展到了数学与自然科学学科，特别是在剑桥大学，考核的重点不再是学子们引经据典展开口头辩论的能力，而代之以书面形式的数学答卷。一般而言，"三足凳"考试主要指 19 世纪在剑桥大学风行的数学荣誉考试。"三足凳"考试的特点是难度大、题目多、时间长。以麦克斯韦（Maxwell）参加过的 1854 年考试为例，试卷多达 16 张纸，共有 211 道题，前后要考 8 天，总计 44.5 小时。——译者注

简洁的"就事论事"格式与拉马努金在给哈代的信中所使用的格式非常相似。

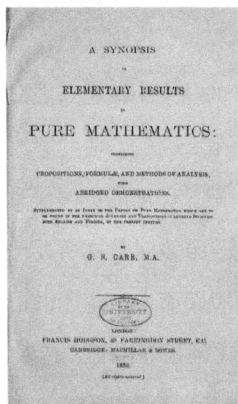

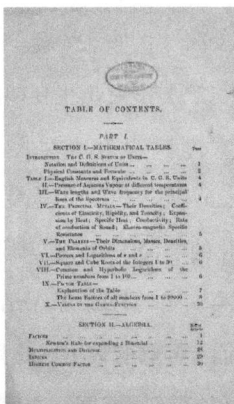

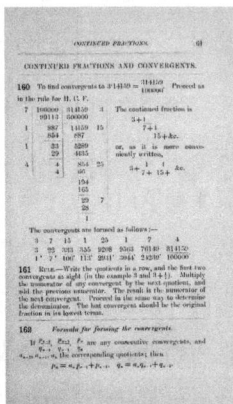

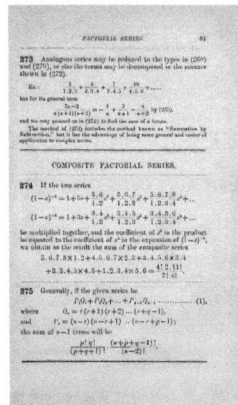

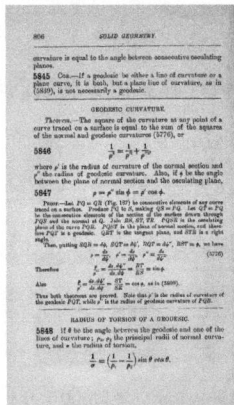

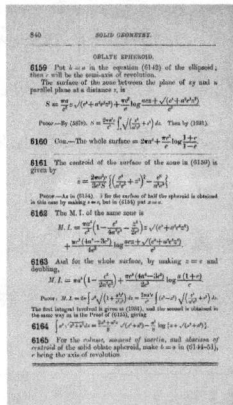

拉马努金上大学时，只想学习数学，其他课程都不及格，还一度离家出走，导致他的母亲向报社寄了一封寻人启事：

> **A MISSING BOY.**
>
> **To the Editor of the "Hindu."**
>
> Sir,—Kindly insert the following in your widely circulated journal :
>
> "A Brahmin boy of the Vaishnava (Thengalai) sect, named Ramanujam, of fair complexion and aged about 18 years was till recently a student of the Kumbakonam College. He left his home on some misunderstanding. His guardian is very solicitous about the boy's returning home. He stayed at Rajahmundry for about a month, and was last seen there some five days back. Those who happen to see him are kindly requested to persuade him to return home, and to communicate his whereabouts to.
>
> J. Seenivasa Raghava Ayangar.
>
> 18, Sarangapani Saunidhi Street,
>
> Kumbakonam.
>
> September 2.

（致报纸编辑）尊敬的先生，请允许我在您广泛发行的报纸上插入以下消息：

一个毗湿奴派（Thengalai 支派）的婆罗门男孩，名叫拉马努金，白皮肤，年约 18 岁，贡伯戈讷姆大学学生，因为一些误会离家出走了。他的监护人非常关心他，希望他回家。他在拉贾蒙德里待过一个月，五天前有人在那里最后见过他。如果有谁见到他，请友善地劝说他回家，并告知我们他所处的位置。

J. 西妮瓦萨·拉加瓦·阿延格尔
贡伯戈讷姆市萨兰加帕尼神庙街 18 号

拉马努金搬到了马德拉斯，尝试过不同的大学，也遇到过医疗问题，但他仍继续从事独立的数学研究。1909 年，21 岁的拉马努金（按照当时的习俗）在母亲的安排下，与年轻的女孩贾娜基（Janaki）结婚，几年后，贾娜基开始与他同居。

拉马努金似乎靠着做数学家教来养活自己，但很快他就成为马德拉斯附近有名的数学奇才，并开始在新近创办的《印度数学学会杂志》（*Journal of the Indian Mathematical Society*）上发表文章。他的第一篇论文发表于 1911 年，内容是关于伯努利数的计算特性的（埃达·洛夫莱斯在 1843 年关于分析机的论文中使用的就是伯努利数）。虽然他的成果并不引人注目，但拉马努金的方法是一种具有趣味性和原创性的方法，它将连续数学（"数值是什么？"）和离散数学（"质因数分解是什么？"）结合了起来。

由于拉马努金的数学界朋友们没能为他争取到奖学金，拉马努金开始寻找工作，并于 1912 年 3 月成为马德拉斯港（和现在的金奈港一样，是一个大型航运中心）的一名会计员，或者说是人工计算器。他的上司总会计师恰好对学术数学也感兴趣，成为他一生的支持者。马德拉斯港的负责人是一位相当杰出的英国土木工程师，部分通过他的关系，拉马努金开始与一群英国外籍技术人员有了交流。他们争先恐后地对拉马努金进行评估，想知道"他是否具备伟大数学家的素质"，或者"他的大脑是否类似于那些精于计算的孩子的大脑"。他们写信给伦敦的某位 M. J. M. 希尔（M. J. M. Hill）教授，这位教授看了拉马努金关于发散级数相当离奇的论述后宣称："拉马努金先生显然是一位对数学有兴趣的人，而且有一定的能力，但他的研究方向错了。"希尔建议拉马努金研读一些书籍。

与此同时，拉马努金的外国朋友们继续为他寻求支持。他决定开始亲自写信给英国的数学家，不过他在书信的英文书写方面得到了一些重要帮助。我们并不清楚他首先写给了谁，不过 64 年后，哈代的长期合作者约翰·李特尔伍德（John Littlewood）在去世前不久提到了两个名字——H. F. 贝克（H. F. Baker）和 E. W. 霍布森（E. W. Hobson）。这两个人都不是特别好的选择：贝克研究代数几何，霍布森研究数学分析，这两个领域都与拉马努金所从事的研究相距甚远。但不管怎样，他们都没有回应。

就这样，1913 年 1 月 16 日星期四，拉马努金把信寄给了哈代。

哈代是谁

戈弗雷·哈罗德·哈代出生于 1877 年，父母都是教师，家住英国伦敦以南约 30 英里处。他从一开始就是一名优等生，尤其是在数学方面。我 20 世纪 70 年代初在英国长大时，这样的学生通常都会去温切斯特读高中，去剑桥读大学。哈代正是这样做的。（另一条稍有名气的道路是伊顿公学和牛津大学，不那么严谨，也不那么以数学为导向，而这两者恰好就是我去读书的地方。）

在当时，剑桥大学的本科数学非常注重解决精心构造的微积分相关问题，作为一种竞技运动，最后的比赛项目是数学"三足凳"考试，从"优胜者"（Senior Wrangler，最高分）到"木勺"（Wooden Spoon，合格者中的最低分）对每个人进行排名。哈代本以为自己应该是第一名，但实际上只得了第四名，由此他认为自己真正喜欢的是当时在欧洲大陆流行起来的更为严谨和更为正式的数学方法。

当时英国学术体系的运作方式（基本上一直持续到 20 世纪 60 年代）是，优秀学生一毕业就可以评选"学院研究员"（college fellowships），并维持终身。哈代就读于三一学院，这是剑桥大学规模最大、科学威望最高的学院，1900 年毕业后，他正式当选为学院研究员。

哈代的第一篇研究论文就是关于下面这类积分的：

$$\text{In[1]:=} \quad \int_0^{\frac{\pi}{4}} \text{Log}[\text{Tan}[\theta]]^2 \, d\theta$$

$$\text{Out[1]=} \quad \frac{\pi^3}{16}$$

$$\text{In[2]:=} \quad \int_0^{\infty} \frac{\text{Sinh}\left[\frac{x}{2}\right]}{x \, \text{Cosh}[x]} \, dx$$

$$\text{Out[2]=} \quad -\text{Log}\left[\text{Tan}\left[\frac{\pi}{8}\right]\right]$$

十年来，哈代基本上都在研究微积分的细节问题，弄清楚如何进行不同类型的积分与求和，并在收敛和极限交换等问题上采用更为严谨的方法。

他的论文既不宏大，也不富有远见，却是最先进的数学技巧的典范。（作为伯特兰·罗素的同事，他曾涉足超穷数这一新领域，但并没有什么建树。）1908 年，他写了一本名为《纯数学教程》①（*A Course of Pure Mathematics*）的教科书，尽管书的序言一开始就解释说，这本书是为"能力达到或者接近常说的'学术标准'的大学一年级学生而编写的"，但这确实是一本好书，在当时非常成功。

1910 年左右，哈代已基本适应了剑桥大学教授的生活，开始了稳定的学术工作。但后来他遇到了约翰·李特尔伍德。李特尔伍德在南非长大，比哈代年轻 8 岁，刚刚成为一名"优胜者"，在很多方面都更具冒险精神。1911 年以前，哈代一直独自工作，从这一年起他开始与李特尔伍德合作，这一合作最终持续了他的余生。

作为一个人，哈代给我的印象是一个从未完全长大的好学生。他似乎喜欢生活在一个有条不紊的环境中，专注于数学练习，一有机会就表现出聪明才智。无论是关于板球得分、证明上帝不存在，还是为他与李特尔伍德的合作制定规则，他可能都是非常书呆子气的。他的表达方式具有典型的英伦风格，机智而富有魅力，但个人性格却显得生硬而疏远。例如，他总是把自己称为"G. H. 哈代"，而"哈罗德"基本上只有他的母亲和姐姐才会使用。

1913 年初，哈代开始为人所知，他成了一位受人尊敬的、成功

---

① 参见《纯数学教程（第 9 版）》，人民邮电出版社，2020 年。——编者注

的英国数学家。虽然他个人比较保守，但最近他开始与李特尔伍德合作，这给他注入了新的活力，李特尔伍德对数论的兴趣把他引向了数论的方向。但后来，他收到了拉马努金的来信。

信件及其影响

拉马努金在信的开头表现得并不乐观，给人的印象是他认为自己在首次描述已经相当著名的解析延拓技术，用于将阶乘函数等推广到非整数。他说："我的全部研究都是基于这一点，而且我已经将这一点发展到了非凡的程度，以至于本地的数学家都无法理解我在更高层次上的研究。"在这封信后面，附有 9 页多的纸，上面罗列了120 多个不同的数学结果。

同样，它们的开头也并不乐观，只是含糊其词地说有一种方法可以通过计算得到给定大小的质数。但到了第 3 页，就出现了一些明确的关于求和、积分之类的公式。其中有些公式至少遥遥一看就像哈代论文中的公式，但也有一些显然比较奇特。它们的一般结构符合这类数学公式的典型特点，但许多实际的公式却让人大吃一惊，它们通常表明，人们根本想不到会有关联的事物在数学上其实是相等的。

原信至少有两页已经丢失，但就现有的最后一页来说，结尾似乎令人困惑，拉马努金描述了他的发散级数理论所取得的成就，包括将所有正整数加起来得到 $-1/12$ 这一看似荒谬的结果。

那么哈代有什么反应呢？他首先咨询了李特尔伍德。这会不会是一个恶作剧？这些公式是否都是已知的，或者是完全错误的？他们认出了一些，知道它们是正确的。但有许多他们不知道。不过，正如哈代后来用他特有的聪明口吻所说的那样，他们得出结论：那些公式"也必定是正确的，因为如果它们不是，不会有人有想象力去发明它们"。

伯特兰·罗素写道，到了第二天，他"发现哈代和李特尔伍德处于疯狂的兴奋状态，因为他们相信他们已经找到了第二个牛顿，一个马德拉斯年薪 20 英镑的印度文员"。哈代把拉马努金的信给很多人看，并开始向负责印度事务的政府部门打听。他花了一周的时间才真正给拉马努金回信，开篇就表达了某种有分寸的、精确的兴奋之情："我对您的来信和您所阐述的定理非常感兴趣。"

他接着说："不过，您要明白，在我正确判断您所做工作的价值之前，我必须先看到您某些论断的证据。"这句话很有意思。对哈代来说，知道什么是正确的还不够，他还想知道对于为什么正确的证明过程。当然，哈代可以自己去寻找证明。但我认为，部分原因是他想了解拉马努金是如何思考的，以及他究竟是什么水平的数学家。

他在信中继续以特有的严谨性将拉马努金的结果分为三类：已知的，新的、有趣但可能不重要的，以及新的、可能重要的。但他立即归入第三类的只有拉马努金关于质数计数的命题，并补充说："几乎一切都取决于您所使用的证明方法的严谨性。"

哈代显然已经对拉马努金做了一些背景研究，因为他在信中提到了拉马努金关于伯努利数的论文。但他在信中只说"我非常希望您能尽快寄给我……您的一些证明"，然后以"希望尽快再收到您的来信"结尾。

拉马努金确实很快就给哈代回了信，他的回信引人入胜。首先，他说他本以为会从哈代那里得到与"伦敦数学教授"同样的回复，后者只是告诉他"不要陷入发散级数的陷阱"。然后，他对哈代要求严格证明的愿望做出回复："如果我把我的证明方法告诉您，我相信您会赞同伦敦教授的。"他提到了他的结果 $1+2+3+4+\cdots=-1/12$，并说："如果我告诉您这个，您会立刻指出我该去疯人院。"他接着说："我说这么多，只是为了让您相信，您不可能根据一封单独的信就理解我的证明方法……"他说，他的首要目标只是让哈代这样的人来验证他的成果，这样他就能获得奖学金，因为"我已经是个半饥饿的人了。为了保护我的大脑，我需要食物……"。

拉马努金特别指出，他最得意的是哈代的第一类结果，那些已经为人所知的结果，"因为我的结果被证明是正确的，尽管我可能依据不足"。换句话说，拉马努金自己也不确定这些结果是正确的，但他很高兴结果确实如此。

那么，他是如何取得成果的呢？这个问题我稍后再说。但他肯定在用数和公式进行各种计算，实际上就是在做实验。他大概是通过观察这些计算的结果来了解什么可能是对的。我们不清楚他如何确认什么是对的，事实上，他引用的一些结果最终并不正确。但可以推测的是，他在证明中结合使用了一些传统数学证明、计算证据和大量直觉。但他没有向哈代解释这些。

相反，他只是开始就结果的细节和他能够给出的证明片段进行通信。哈代和李特尔伍德似乎有意给他的努力打分，例如，李特尔伍德在谈到某个结果时写道："(d) 当然还是错的，相当蹩脚。"他们还想知道拉马努金是"欧拉"还是"雅可比"。但李特尔伍德不得不说，"关于质数的东西是错的"，他解释说："拉马努金错误地假设黎曼 ζ 函数在实数轴外没有零点，尽管它实际上有无数个零点，而这些零点正是整个黎曼猜想的主题。"（黎曼猜想至今仍是一个著名的未解数学难题，在李特尔伍德读本科时，一位乐观的老师曾建议他将其作为一个课题……）

那拉马努金奇怪的 $1+2+3+4+\cdots=-1/12$ 又是怎么回事呢？这也与黎曼 ζ 函数有关。对于正整数，$\zeta(s)$ 被定义为 $1/1^s+1/2^s+1/3^s+\cdots$ 的和。给定这些值后，有一个很好的函数，在 Wolfram 语言中称为 Zeta[s]，可以通过将其延拓到所有复数 s 上获得。根据正参数公式，我们可以将 Zeta[-1] 等同于 $1+2+3+4+\cdots$。但我们也可以直接求出 Zeta[-1] 的值：

ln[1]:= **Zeta[-1]**

Out[1]= $-\dfrac{1}{12}$

可以肯定的是，这确实是一个奇怪的结果。但它并不像初看起来那么疯狂。事实上，对于量子场论中的某些计算来说，这个结果如今被认为是完全合理的（公平地说，在量子场论中，所有实际的无穷大最后都会被抵消掉）。

言归正传，哈代和李特尔伍德并没有为拉马努金建立一个很好的心智模型。李特尔伍德猜测，拉马努金可能不会给出他们认为他有的证明，因为他害怕他们会偷走他的成果。（剽窃在当时和现在一样，都是学术界的一个大问题。）拉马努金说他对这种猜测感到"痛苦"，并向他们保证，他"丝毫不担心我的方法会被别人利用"。他说，其实他早在八年前就发明了这种方法，但一直没有找到能够欣赏它的人，现在他"愿意毫无保留地把我仅有的东西交给你们"。

与此同时，哈代甚至在回复拉马努金的第一封信之前，就已经在与负责印度学生事务的政府部门商讨如何将拉马努金带到剑桥。虽然不太清楚沟通的结果如何，但拉马努金回复说他不能去，也许是因为他的婆罗门信仰，也许是因为他的母亲，也许只是因为他认为自己不适合。但无论如何，拉马努金的支持者开始推动他获得马德拉斯大学的研究生奖学金。他们咨询了更多的专家，专家们认为"他的成果似乎非常精彩，但他现在还无法对其中的一些成果提出任何可理解的证明"，不过"他有足够的英语知识，而且年龄也不大，可以从书本上学习现代方法"。

大学管理部门表示，他们的规定不允许向像拉马努金这样没有获得本科学位的人提供毕业奖学金。但他们给出建议："《公司法》（Act of Incorporation）第 15 条和 1904 年的《印度大学法》（Indian

Universities Act）第 3 条允许（政府教育部）在征得圣乔治堡总督明确同意的情况下发放此类奖学金。"尽管官僚主义看似古板，但事情进展得很快，几周之内，拉马努金就正式获得了为期两年的奖学金，唯一的要求是他必须提供季度报告。

数学之道

拉马努金获得奖学金后，开始撰写更多论文，并在《印度数学学会杂志》上发表。与他在质数和发散级数方面的大胆主张相比，这些论文的主题都相当温和。不过，论文还是非常出色的。

让人眼前一亮的是它们的计算化，充满了实际而复杂的公式。大多数数学论文并非如此，它们可能有复杂的符号，但没有包含复杂根式组合的大型表达式，也没有看似随意的超长整数。

在现代，我们已经习惯于看到由 Mathematica 常规生成的极其复杂的公式。但它们通常只是中间步骤，并不是论文中明确谈论的内容。不过，对于拉马努金来说，复杂的公式往往才是真正说明问题的东西。当然，他能在没有计算机和现代工具的情况下推导出这些公式，也是令人难以置信的。

（话说回来，早在 20 世纪 70 年代末，我就开始撰写涉及计算机生成公式的论文。在其中一篇论文中，公式中出现了很多数字 9。但是，有经验的打字员在录入时，根据手稿把每个"9"都换成了"g"。我问她为什么，她说："论文中从来没有明确的 9！"）

纵观拉马努金的论文，另一个显著的特点就是，在论证中经常使用数值近似来得出精确的结果。人们往往认为代数公式的运算是一个精确的过程，例如，产生的系数正好是 16，而不是大约 15.999 99。但对拉马努金来说，近似是例行公事，即使最终结果是精确的。

从某种意义上说，数的近似值是有用的，这并不奇怪。

比方说，我们想知道 $\sqrt{2}^{\sqrt{2}+\sqrt{3}}$ 和 $2^{\sqrt{3}}$ 哪个更大。我们可以先在平方根之间做各种变换，并尝试从中推导出定理。或者我们可以对每个表达式进行求值，得出第一个表达式的值（2.9755…）明显小于第二个表达式的值（3.321…）。在诸如哈代等人的数学传统中，或者说，在典型的现代微积分课程中，这种直接计算的方式似乎并不合适，也不正确。

当然，如果这两个数非常接近，那么就必须注意数字四舍五入等问题了。但是，例如在今天的 Mathematica 和 Wolfram 语言中，特别是在它们内建的数字精度跟踪功能中，我们也经常在推导精确结果的过程中内部使用数值近似，这与拉马努金所做的事情极为类似。

当哈代要求拉马努金提供证明时，他想要的部分内容是为每个结果寻找一种解释，解释为什么它是对的。但从某种意义上说，拉马努金的方法并不适合这样做。因为"解释"的一部分必须是，有这样一个复杂的表达式，而它在数值上恰好大于另一个表达式。很容易看出它是正确的，却难以真正解释它为什么是正确的。

每当一个结果的关键部分来自复杂公式的纯计算，或者对于现代来说，来自自动定理证明时，也会发生同样的情况。是的，我们可以追踪这些步骤，并发现它们是正确的。但是，并没有什么更多的解释能让我们对结果有什么特别的理解。

对于大多数人来说，最后得到一些复杂的表达式或一串看似随机的超长数字是一个不太好消息，因为这并不能告诉他们什么。但拉马努金不同。李特尔伍德曾这样评价拉马努金："每一个正整数都是他的朋友。"我猜想，凭借良好的记忆力和发现规律的能力，拉马努金可以从一个复杂的表达式或一串超长数字中得出很多结论。对他来说，对象本身就能进行解释。

当然，拉马努金是通过自己的计算努力得出所有这些结果的。但早在 20 世纪 70 年代末和 80 年代初，我就开始用计算机自动生成大量复杂的结果。在我做了一段时间之后，有趣的事情发生了：我开始能够快速识别结果的"本质"，而且往往能立即看出什么可能是对的。比方说，如果我在处理一些复杂的积分，那不是因为我知道任何有关的定理，我只是有一种直觉，比如，结果中可能会出现哪些函数。有了这种直觉，我就可以让计算机去填补细节，并检查结果是否正确。但我无法推导出为什么结果是正确的，也无法给出任何说法，这只是直觉和计算所带给我的东西。

当然，在纯粹数学中，有相当多的数学知识（目前）是不能通过明确的计算来检验某个结果是否正确的。例如，当有无穷大或无穷小量或极限时，这种情况就经常发生。哈代擅长的事情之一就是给出谨慎处理这类问题的证明。1910 年，他甚至写了一本名为《无穷的阶》（ *Orders of Infinity* ）的书，讲述了在求无穷极限时出现的微妙问题。（特别是在超穷数理论的一种代数类比中，他谈到了类似嵌套指数函数等的增长率的比较，我们甚至在 Wolfram 语言中使用了现在称为哈代域的概念来处理幂级数的推广问题。）

因此，当哈代看到拉马努金"快速而粗放"地处理无穷大极限等问题时，他消极的反应并不令人意外。他认为，如果拉马努金真的能可靠地得到正确答案，他就需要"驯服"拉马努金，并教育他用更精细的欧洲方式来处理这些事情。

看到重要的东西

拉马努金无疑是一位伟大的计算者，他在判断特定数学事实或关系是否正确方面令人印象深刻。但我认为，从某种意义上来说，他最伟大的技能是更为神秘的东西：他有一种非凡的能力，能够分辨出什么是重要的，以及从中可以推导出什么。

例如，他在 1914 年发表的论文《模方程和 π 的近似值》（"Modular Equations and Approximations to π"）中进行了计算（当然是在没有计算机的情况下）：

$$e^{\pi\sqrt{58}} = 24591257751.99999982\ldots$$

大多数数学家会说："这是一个有趣的巧合，它如此接近一个整数，但那又怎样呢？"但拉马努金却意识到，其中还有更多的玄机。他发现了其他关系（图中"="其实应该是"≅"）：

$$e^{\frac{1}{3}\pi\sqrt{18}} = 2\sqrt{7}, \quad e^{\pi\sqrt{22}/12} = 2 + \sqrt{2}, \quad e^{\frac{1}{3}\pi\sqrt{30}} = 20\sqrt{3} + 16\sqrt{6},$$

$$e^{\frac{1}{3}\pi\sqrt{34}} = 12(4 + \sqrt{17}), \quad e^{\frac{1}{3}\pi\sqrt{46}} = 144(147 + 104\sqrt{2}),$$

$$e^{\frac{1}{3}\pi\sqrt{42}} = 84 + 32\sqrt{6}, \quad e^{\pi\sqrt{58}/12} = \frac{5 + \sqrt{29}}{\sqrt{2}},$$

$$e^{\frac{1}{3}\pi\sqrt{70}} = 60\sqrt{35} + 96\sqrt{14}, \quad e^{\frac{1}{3}\pi\sqrt{78}} = 300\sqrt{3} + 208\sqrt{6},$$

$$e^{\pi\sqrt{55}/24} = \frac{1 + \sqrt{(3 + 2\sqrt{5})}}{\sqrt{2}}, \quad e^{\frac{1}{3}\pi\sqrt{102}} = 800\sqrt{3} + 196\sqrt{51},$$

$$e^{\frac{1}{3}\pi\sqrt{130}} = 12(323 + 40\sqrt{65}), \quad e^{\pi\sqrt{190}/12} = (2\sqrt{2} + \sqrt{10})(3 + \sqrt{10}),$$

$$\pi = \frac{12}{\sqrt{130}}\log\left\{\frac{(2 + \sqrt{5})(3 + \sqrt{13})}{\sqrt{2}}\right\},$$

$$\pi = \frac{24}{\sqrt{142}}\log\left\{\sqrt{\left(\frac{10 + 11\sqrt{2}}{4}\right)} + \sqrt{\left(\frac{10 + 7\sqrt{2}}{4}\right)}\right\},$$

$$\pi = \frac{12}{\sqrt{190}}\log\{(2\sqrt{2} + \sqrt{10})(3 + \sqrt{10})\}.$$

$$\pi = \frac{12}{\sqrt{310}}\log\left[\tfrac{1}{4}(3 + \sqrt{5})(2 + \sqrt{2})\{(5 + 2\sqrt{10}) + \sqrt{(61 + 20\sqrt{10})}\}\right].$$

$$\pi = \frac{4}{\sqrt{522}}\log\left[\left(\frac{5 + \sqrt{29}}{\sqrt{2}}\right)^3(5\sqrt{29} + 11\sqrt{6}) \right.$$
$$\left. \times \left\{\sqrt{\left(\frac{9 + 3\sqrt{6}}{4}\right)} + \sqrt{\left(\frac{5 + 3\sqrt{6}}{4}\right)}\right\}^6\right].$$

然后，拉马努金开始建立一个涉及椭圆函数的理论——虽然他当时还不知道这个名字，并开始提出新的级数近似 π 的方法：

$$(28) \quad \frac{4}{\pi} = 1 + \frac{7}{4}\left(\frac{1}{2}\right)^3 + \frac{13}{4^2}\left(\frac{1.3}{2.4}\right)^3 + \frac{19}{4^3}\left(\frac{1.3.5}{2.4.6}\right)^3 + \cdots,$$
$$(q = e^{-\pi\sqrt{3}}, \ 2kk' = \tfrac{1}{2}),$$

$$(29) \quad \frac{16}{\pi} = 5 + \frac{47}{64}\left(\frac{1}{2}\right)^3 + \frac{89}{64^2}\left(\frac{1.3}{2.4}\right)^3 + \frac{131}{64^3}\left(\frac{1.3.5}{2.4.6}\right)^3 + \cdots,$$
$$(q = e^{-\pi\sqrt{7}}, \ 2kk' = \tfrac{1}{8}),$$

$$(30) \quad \frac{32}{\pi} = (5\sqrt{5}-1) + \frac{47\sqrt{5}+29}{64}\left(\frac{1}{2}\right)^3\left(\frac{\sqrt{5}-1}{2}\right)^8 + \cdots,$$
$$\frac{89\sqrt{5}+59}{64^2}\left(\frac{1.3}{2.4}\right)^3\left(\frac{\sqrt{5}-1}{2}\right)^{16} + \cdots,$$
$$\left[q = e^{-\pi\sqrt{15}}, \ 2kk' = \frac{1}{8}\left(\frac{\sqrt{5}-1}{2}\right)\right];$$

$$(42) \quad \frac{1}{3\pi\sqrt{3}} = \frac{3}{49} + \frac{43}{49^3}\cdot\frac{1}{2}\cdot\frac{1.3}{4^2}$$
$$+ \frac{83}{49^5}\cdot\frac{1.3}{2.4}\cdot\frac{1.3.5.7}{4^2.8^2} + \cdots,$$

$$(43) \quad \frac{2}{\pi\sqrt{11}} = \frac{19}{99} + \frac{299}{99^3}\cdot\frac{1}{2}\cdot\frac{1.3}{4^2}$$
$$+ \frac{579}{99^5}\cdot\frac{1.3}{2.4}\cdot\frac{1.3.5.7}{4^2.8^2} + \cdots,$$

$$(44) \quad \frac{1}{2\pi\sqrt{2}} = \frac{1103}{99^2} + \frac{27493}{99^6}\cdot\frac{1}{2}\cdot\frac{1.3}{4^2}$$
$$+ \frac{53883}{99^{10}}\cdot\frac{1.3}{2.4}\cdot\frac{1.3.5.7}{4^2.8^2} + \cdots.$$

从某种意义上来说，尽管在拉马努金之前最好的近似（1706 年的梅钦级数）确实包含了看似随机的数 239，但以前对 π 的近似要更为严肃一些：

$$\pi = 16\left(\frac{1}{5} - \frac{1}{3\times5^3} + \frac{1}{5\times5^5} - \cdots\right) - 4\left(\frac{1}{239} - \frac{1}{3\times239^3} + \frac{1}{5\times239^5} - \cdots\right)$$

但是，拉马努金的级数虽然看起来怪异而随意，却有一个重要的特点：计算给定精度的 π 所需的项数要少得多。有一位我有幸结识超过 35 年、颇具拉马努金风格的人物比尔·戈斯珀（Bill Gosper），于 1977 年从上述列表中选取了最后一个拉马努金级数，并用它计算出了创纪录的 π 的位数。很快，其他的计算紧随其后，都直接基于拉马努金的想法，这就是我们在 Mathematica 和 Wolfram 语言中计算 π 的方法。

有趣的是，在拉马努金的论文中，即使是他自己偶尔也会不知道什么是重要的，什么是不重要的。例如，他指出：

12. Another curious approximation to π is

$$\left\{9^2 + \frac{19^2}{22}\right\}^{\frac{1}{4}} = 3.14159265262\ldots$$

This value was obtained empirically, and it has no connection with the preceding theory.

> 另一个对 π 有趣的近似是……
> 这个值是基于经验得到的，与前面的理论并无什么联系。

然后，在他发表的唯一的几何例子中，他根据这个公式给出了一个近似"化圆为方"的奇特几何构造：

Then the square on BX is very nearly equal to the area of the circle, the error being less than a tenth of an inch when the diameter is 40 miles long.

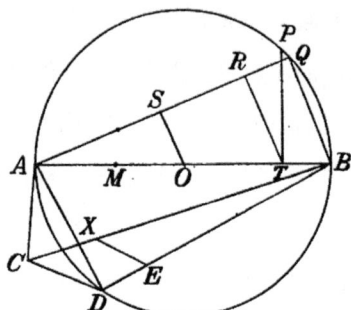

Fig. 1.

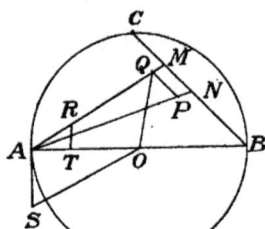

Fig. 2.

真理与叙事

对于哈代来说，拉马努金的工作方式似乎与他格格不入。因为从根本上说，拉马努金是一位实验数学家：深入数学可能性的宇宙中，进行计算以发现有趣而重要的事实，然后再基于这些事实建立理论。

换句话说，哈代像传统数学家一样，逐步扩展现有数学的叙事。他的大多数论文开头都或明或暗地引用了数学文献中的一些结果，然后讲述如何通过一系列严格的步骤扩展这一结果。没有突然的经验发现，也没有基于直觉的看似难以解释的跳跃。这是经过仔细推敲而逐步建立起来的数学。

一个世纪过去了，几乎所有的纯粹数学仍然是这样做的。或许即使是讨论相同的主题，其他任何东西也都不应该被称为"数学"，因为它们的方法完全不同。在我探索简单程序的计算宇宙的过程中，我确实做了相当多可以被称为"数学"的事情，例如，探索基于数的系统。

多年来，我发现了各种看似有趣的结果：当人们连续将数与它们的数位倒序相加时会产生的奇怪的结构，产生质数的奇异嵌套递推关系，用按位异或树来表示整数的奇特方法。但这些都是经验事实，无疑是对的，却不属于现有数学的传统和叙事。

对许多像哈代这样的数学家来说，证明过程是数学活动的核心。提出一个关于什么是对的猜想并不特别重要，重要的是创建一个证明，解释为什么某件事情是正确的，构建一个其他数学家能够理解的叙事。

特别是在今天，随着我们开始能够自动处理越来越多的证明，证明看起来有点像平凡的体力劳动，结果可能很有趣，但达到目的的过程却并不有趣。但是，证明也可以是具有启发性的。它们实际上可以是一个个故事，引入了新的抽象概念，这些概念超越了特定证明的具体内容，为理解许多其他数学结果提供了原始材料。

不过，对于拉马努金来说，我怀疑事实和结果才是他数学思维的中心，而证明则有点像某种奇怪的欧洲习俗，必须把他的结果从他的特定环境中抽离出来，并让欧洲数学家相信这些结果是正确的。

去剑桥

还是让我们回到拉马努金与哈代的故事上来。

1913 年初，哈代和拉马努金继续书信往来。拉马努金描述了结果，哈代对拉马努金的说法提出了批评，并推动证明和传统数学表达。之后又隔了很长时间，终于在 1913 年 12 月，哈代再次写信解释说，拉马努金关于质数分布的最宏伟的结论肯定是错误的，并评论说："……质数理论充满陷阱，要避开这些陷阱，需要在现代严谨方法方面接受最充分的训练。"他还说，如果拉马努金能够证明他的结果，那将是"整个数学史上最了不起的壮举"。

1914 年 1 月，剑桥大学一位名叫 E. H. 内维尔（E. H. Neville）的年轻数学家来到马德拉斯讲学，并传达了（用拉马努金的话来说）哈代"急于让拉马努金去剑桥"的信息。拉马努金回复说，早在1913 年 2 月，他就和他的上司一起，与马德拉斯学生咨询委员会的秘书开过会，秘书问他是否准备去英国。拉马努金在信中写道，他估计，在其他印度学生去英国必须参加的考试中，自己不会考得很好，而且他的上司是一个"非常正统的婆罗门，忌讳出国，立刻答复我不能去"。

但他随后说，内维尔"打消了（他的）疑虑"，并解释说他的费用不会有问题，他的英语也可以，不必参加考试，而且他可以在英国继续吃素。他最后说，希望哈代和李特尔伍德"能想点办法在几个月内把我送去（英国）"。

哈代原以为不用什么官僚手段就能把拉马努金送到英国来，但事实上并非如此。哈代所在的剑桥大学三一学院并不准备提供任何实际的资金。哈代和李特尔伍德提出自己出一部分钱。但内维尔写信给马德拉斯大学的教务长，说"马德拉斯的天才 S. 拉马努金的发现将是我们这个时代数学界最有趣的事件"，并建议大学拿出这笔钱。拉马努金的外籍支持者们立即行动起来，最终将此事提交给了马德拉斯总督，并找到了一个解决方案，即从政府五年前为"建立大学假期讲座"提供的拨款中拿出资金，但实际上，用"教育部第182 号文件"的官方说法来说，这笔钱"没有用于任何直接目的"。

官方记录中有一些奇怪的小注释，比如 2 月 12 日："他是什么种姓？请紧急处理。"但最终一切都解决了，1914 年 3 月 17 日，在当地政要的欢送下，拉马努金登上了前往英国的轮船，经过苏伊士运河，于 4 月 14 日抵达伦敦。在离开印度之前，拉马努金已经为欧洲生活做好了准备，他穿上了西服，学会了如何用刀叉吃饭、如何打领带等。许多印度学生都曾来过英国，他们有一套完整的程序。在伦敦待了几天后，拉马努金就来到了剑桥，印度报纸自豪地报道说："马德拉斯的 S. 拉马努金先生，他在高等数学方面的研究成果令剑桥惊叹不已，他现在住在三一学院。"

［除了哈代和李特尔伍德外，另外两个与拉马努金早期在剑桥时有关的人是内维尔和巴恩斯（Barnes）。这两个名字在整个数学史上并不特别有名，但在 Wolfram 语言中，有两个内建函数来纪念他们：`NevilleThetaS` 和 `BarnesG`。］

拉马努金在剑桥

　　拉马努金在剑桥时是一个怎样的人呢？据人们描述，他热情、充满渴望，但又不太自信。他爱开玩笑，有时会自嘲。他不仅可以谈论数学，也可以谈论政治和哲学。他从不特别善于内省。在正式场合，他彬彬有礼，恭敬有加，尽量遵循当地的习俗。他的母语是泰米尔语，早年英语考试不及格，但到了英国后，他的英语非常出色。他喜欢和其他印度学生一起玩，有时会去参加音乐活动，或在河上划船。据人们描述，他身材矮小结实，最显著的特征是眼睛炯炯有神。他工作努力，一个又一个地解决数学难题。他的居室很简陋，只有几本书和一些文件。他对实践问题很敏感，比如烹饪和素食食材方面的问题。谁都看得出,他很高兴能来到剑桥。

但是,1914年6月28日,也就是拉马努金抵达英国两个半月后,斐迪南公爵遇刺身亡,7月28日,第一次世界大战爆发。剑桥大学立即受到影响,许多学生被征召入伍。李特尔伍德也参加了战争,并最终开发出计算高射炮射程表的方法。哈代并不是战争的忠实支持者,部分原因是他喜欢德国的数学,但他也自愿报名参军,不过因身体原因被拒之门外。

拉马努金在写给母亲的一封信中描述了战争,他举例说:"他们驾驶飞机在高空飞行,轰炸城市,毁坏城市。一旦在空中发现敌机,停在地面上的飞机就会起飞,以极快的速度飞行,冲向敌机,造成破坏和死亡。"

尽管如此,拉马努金仍继续钻研数学,他向母亲解释说:"战争是在一个就像(马德拉斯)距离仰光一样遥远的国家进行的。"拉马努金还遇到了一些实际困难,比如缺少蔬菜,因此他请印度的一位朋友"用邮包寄给他一些(去籽的)罗望子和上好的椰子油"。但更重要的是,正如拉马努金所说,"这里的教授们……由于目前的战争而对数学失去了兴趣"。

拉马努金告诉一位朋友,他已经"改变了发表(他的)成果的计划"。他说,他将等到战争结束后再发表他笔记本中的任何旧成果。但他说,自从来到英国后,他学会了"他们的方法",并"试图用他们的方法获得新成果,这样我就可以轻松地在第一时间发表这些成果"。

1915年,拉马努金发表了一篇题为《超级合数》("Highly

Composite Numbers"）的长篇论文，论述了计算给定数的除数个数的函数（Wolfram 语言中的 DivisorSigma）最大值。哈代似乎对这篇论文的准备工作非常投入，它成为拉马努金这篇相当于博士论文的文章的核心内容。

在接下来的几年里，拉马努金写了大量论文，尽管有战争，但这些论文都得以发表。他与哈代合写的一篇著名论文涉及配分函数（Wolfram 语言中的 PartitionsP），该函数计算将一个整数写成几个正整数之和有多少种方法。这篇论文是近似与精确结合的经典范例。论文首先给出了较大的 n 的结果：

$$p(n) \sim P(n) = \frac{1}{4\pi\sqrt{3}} e^{\pi\sqrt{\frac{2n}{3}}}$$

但随后，利用拉马努金在印度时提出的思想，论文逐步改进了估计值，最终得到了精确的整数结果。在拉马努金的时代，计算 PartitionsP[200] 的精确值是一件大事，也是他论文的高潮部分。但现在，多亏了拉马努金的方法，计算瞬间即可完成：

In[1]:= **PartitionsP[200]**
Out[1]= 3 972 999 029 388

剑桥大学因战争而士气低落，剑桥最优秀的学生在前线阵亡的人数之多令人震惊，而且往往是发生在几周之内。三一学院的大院已成了一所战地医院。尽管如此，拉马努金仍继续从事他的数学研究，并在哈代的帮助下继续建立自己的声誉。

但在 1917 年 5 月，另一个问题又出现了：拉马努金病了。据我们现在所知，他很可能是在印度得了寄生虫性肝脏感染。但在当时，没有人能诊断出来。拉马努金辗转于医生和疗养院之间。他不太相信医生告诉他的一切，医生所做的一切似乎都无济于事。有几个月，他的身体已经好到可以做大量的数学工作了，而有几个月则不行。他变得郁郁寡欢，一度有自杀倾向。他的母亲不让他在印度的妻子与他联系，大概是担心这会分散他的注意力，但这些都没能让他好转。

哈代想方设法提供帮助，有时是与医生交流，有时是提供数学意见。一位医生告诉哈代，他怀疑是"某种鲜为人知的东方病菌在作祟，目前对它的研究尚不完善"。哈代写道："像所有印度人一样，（拉马努金）是个宿命论者，要让他照顾好自己非常困难。"哈代后来讲述了一个著名的故事。有一次，他去疗养院看望拉马努金，告诉他自己是坐出租车来的，车牌号是 1729，并说在他看来这是一个相当无聊的数。拉马努金回答说："不，这是一个非常有趣的数，它是可以用两种方式表示为两个立方数之和的最小的数：$1729 = 1^3 + 12^3 = 9^3 + 10^3$。"（Wolfram|Alpha 现在还报告了这个数的一些其他性质。）

尽管如此，拉马努金的数学声誉却与日俱增。他当选为英国皇家学会会员（他的支持者包括霍布森和贝克，两人都没有回复他最初的信）。1918 年 10 月，他当选为三一学院研究员，从而确保了他的经济支持。一个月后，第一次世界大战结束了，德国 U 型潜艇袭击的威胁也不复存在，这使得前往印度的旅行变得不再危险。

就这样，1919 年 3 月 13 日，拉马努金回到了印度。他现在声名显赫，备受尊敬，但也病入膏肓。在这期间，他继续从事数学研究，并于 1920 年 1 月 12 日"模拟"θ 函数给哈代写了一封著名的信。

他选择谦卑地生活，基本不理会医学所能做的微乎其微的事情。1920 年 4 月 26 日，在笔记本上写下最后一条记录的三天后，拉马努金离世了，享年 32 岁。

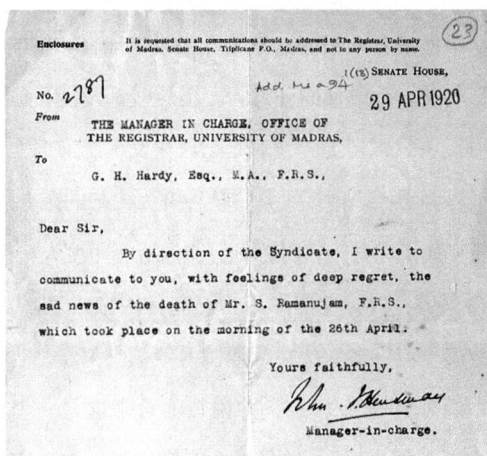

（马德拉斯大学教务长致哈代）亲爱的先生，受学校之托，我怀着遗憾的心情来信告知您，皇家学会会员 S. 拉马努金先生于 4 月 26 日晨逝世。

后面的事情

从刚开始从事数学研究起，拉马努金就将自己的成果记录在一系列硬皮笔记本中，目前只出版了其中的极小一部分。拉马努金去

世后，哈代开始组织力量研究并出版拉马努金笔记本中的全部 3000
多项成果。20 世纪 20—30 年代，有几个人参与了这项工作，并出版
了不少著作。但由于种种意外，该项目未能完成，直到 20 世纪 70
年代才重新启动。

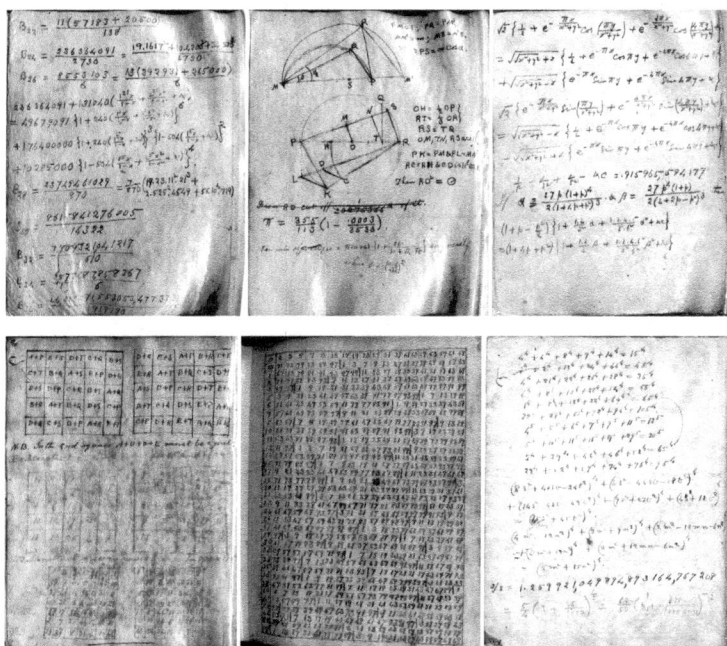

1940 年，哈代将他所持有的所有拉马努金的信件都交给了剑桥
大学图书馆，但拉马努金 1913 年寄出的投稿信原件却不在其中。因
此，现在我们所拥有的唯一记录就是哈代后来出版的抄本。拉马努
金的三本主要笔记本在马德拉斯大学图书管理员办公室的柜子顶上
放了很多年，它们遭受了虫子的破坏，但从未丢失。他的其他数学

文献辗转几人之手，其中一些被放在剑桥大学一位数学家凌乱不堪的办公室里。当他于 1965 年去世时，人们注意到了这些文献，并将其送往图书馆，它们一直被搁置在那里，直到 1976 年，人们激动地"重新发现"了遗失的拉马努金的笔记本。

拉马努金去世后，仅过了几天，他的亲戚们就开始要求资助。英国寄来了大笔医疗费账单，有人说要卖掉拉马努金的论文来筹钱。

拉马努金去世时，他的妻子还很年轻，但按照习俗，她一直没有再嫁。她的生活非常俭朴，主要以裁缝为生。1950 年，她收养了一位过世朋友的儿子。到了 20 世纪 60 年代，拉马努金逐渐成为印度人心目中的英雄，她也开始获得各种荣誉和抚恤金。多年来，许多数学家都来拜访过她，她为他们提供的那张护照照片已经成为拉马努金最著名的照片。

哈代后来怎么样了

拉马努金的信寄达时，哈代 35 岁；拉马努金去世时，哈代 43 岁。哈代将"发现"拉马努金视为自己最大的成就，并将与拉马努金的交往描述为"（他）一生中最浪漫的事件"。拉马努金去世后，哈代投入了部分精力继续破译和发展拉马努金的成果，但大部分时间他又回到了以前的数学轨迹上。他的作品集共有七大卷（而拉马努金的出版物只占相当薄的一卷）。他论文标题的词云显示，从他遇到拉马努金之前到之后，他的论文标题只发生了少许变化。

注：从图中可见，哈代在遇到拉马努金之前（左图），研究的重点主要在整数（integral）问题（即数论）上，级数（series）问题其次。在他遇到拉马努金后（右图），研究的重点转到了级数问题，其次是整数问题。但总体研究范围前后变化不是很大。

　　在拉马努金进入他的生活前不久，哈代开始与约翰·李特尔伍德合作，他后来说，李特尔伍德对他一生的影响甚至超过了拉马努金。拉马努金去世后，哈代搬到了牛津，他在那里似乎找到了一份更好的工作，最终一待就是 11 年，之后才回到剑桥。不过，哈代的离开并没有影响他与李特尔伍德的合作，因为他们主要是通过交换书面信息来工作的，即使他们的房间相隔不到 100 英尺。1911 年之后，哈代很少单独从事数学研究；他与李特尔伍德的合作尤为频繁，在 38 年的时间里，两人合作发表了 95 篇论文。

　　哈代的数学始终是顶尖的。他梦想着能解决像黎曼猜想那样的问题，但实际上却从未做出过真正了不起的成就。不过，他写的两本书至今仍被人们津津乐道：与 E. M. 赖特（E. M. Wright）合著的《数论导引》①（*An Introduction to the Theory of Numbers*），以及与李特

---

① 参见《哈代数论（第 6 版）》，人民邮电出版社，2021 年。——编者注

尔伍德和 G. 波利亚（G. Pólya）合著的《不等式》[①]（*Inequalities*）。

哈代的一生都生活在知识精英阶层中。20 世纪 20 年代，他在自己的公寓里挂着列宁的画像，并短暂担任过英国科学工作者联合会的主席。他总是文笔优美，主要是写数学，有时也写拉马努金。他有意远离小器具，总是和大学里的学生和其他教授住在一起。他终生未婚，但在他生命的最后一刻，他的妹妹也来到了剑桥（她也从未结婚，一生的大部分时间都在她小时候就读的女子学校教书）。

1940 年，哈代写了一本名为《一个数学家的辩白》[②]（*A Mathematician's Apology*）的小书。我记得在自己 12 岁左右的时候，有人给了我一本。我想很多人都把它看作纯粹数学的宣言或广告。但我必须说，这本书完全没有引起我的共鸣。这本书给我的感觉既神圣又肃穆，它试图描述数学的美和乐趣，作者自豪地说"我所做的一切都没有丝毫实际用途"（事实上，他与别人共同发明了遗传学中使用的哈代—温伯格定律[③]），这些都没有给我留下深刻印象。我怀疑自己无论如何也不会选择成为一名纯粹数学家的道路，而哈代的书则帮助我坚定了这一点。

不过，平心而论，哈代是在自己人生的低谷时写下这本书的，当时他正担心自己的健康和数学能力的丧失。也许这也解释了为什么他特别强调"数学……是年轻人的游戏"。（在一篇关于拉马努金的文章中，他写道："数学家通常在 30 岁时就相对老了，他的死亡可能不像看起来那样是一场灾难。"）我不知道以前是否有人表达过

[①] 参见《不等式（第 2 版）》，人民邮电出版社，2020 年。——编者注
[②] 参见《一个数学家的辩白（双语版）》，人民邮电出版社，2020 年。——编者注
[③] 通常称哈迪—温伯格定律。——编者注

这种观点，但到了 20 世纪 70 年代，这种观点已被视为既定事实，不仅适用于数学，也适用于科学。我认识的孩子们都会告诉我，我最好继续做事，因为到 30 岁就什么都结束了。

　　这是真的吗？我并不这么认为。我们很难找到明确的证据，但作为一个例子，我把 Wolfram|Alpha 和 Wolfram 语言中有关著名数学定理的数据，做成了证明这些定理的人的年龄直方图。这并不是一个完全均匀的分布（尽管 40 岁之前的峰值可能只是与菲尔兹奖相关的定理选择效应），但如果我们针对现在和过去的预期寿命进行校正的话，结果与数学创造力在 30 岁时几乎枯竭的说法相去甚远。

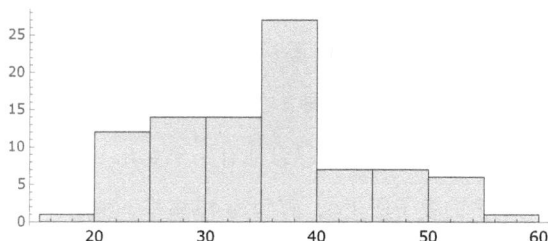

　　作为一个也在变老的人，我自己的感觉是，至少到我这个年纪，科技生产力的许多方面实际上都在稳步提高。首先，知道得越多确实越有帮助，当然，我的很多好点子都来自把我相隔几十年学到的东西联系起来。此外，拥有更多的经验和直觉也会对事情的结果有所帮助。如果一个人有早期的成功经验，这些经验可以帮助他树立信心，更果断地向前迈进，而不会犹豫不决。当然，一个人必须保持足够的专注力，并且能够长时间集中精力思考复杂的事情。我认为，这些年来，我在某些方面变得越来越慢了，而在某些方面却变得越来越快。我变慢是因为我对自己所犯的错误有了更多的了解，并尽量小心谨慎地做事以避免犯错。但我之所以变快，是因为我知道得更多，也能在更多的事情上走捷径。当然，尤其对我来说，多年来我建立了各种自动化系统，这也对我有所帮助。

一个与此截然不同的观点是，虽然对现有领域做出具体贡献（如哈代所做的那样）是年轻人有可能做到的事情，但创造一个全新的结构往往需要随年龄增长而带来的更广泛的知识和经验。

说回哈代，我怀疑他的问题不是能力不足，而是缺乏动力。在他的最后几年，他变得相当消沉，几乎放弃了数学。他于 1947 年去世，享年 70 岁。

比哈代小 8 岁的李特尔伍德一直活到 1977 年。比起哈代，李特尔伍德总是多了几分冒险精神，少了几分严厉，也少了几分庄严。和哈代一样，他也未曾结婚，尽管他有一个女儿（和与他同住度假屋的一对夫妇中的妻子所生），直到她 40 多岁，他还称她为自己的"侄女"。哈代曾说数学是年轻人的游戏，而李特尔伍德（72 岁时因早期服用抗抑郁药物而恢复健康）在 80 多岁时仍在数学领域取得了令人瞩目的成就，这让哈代的说法不攻自破。

拉马努金的数学

拉马努金的数学后来如何了？许多年来，并没有太多进展。虽然哈代做了一些研究，但整个数论领域已经过时，而拉马努金大部

分的工作都集中在这个领域。以下是 Zentralblatt[1] 数据库中所有标签
为"数论"的数学论文比例随时间变化的曲线图：

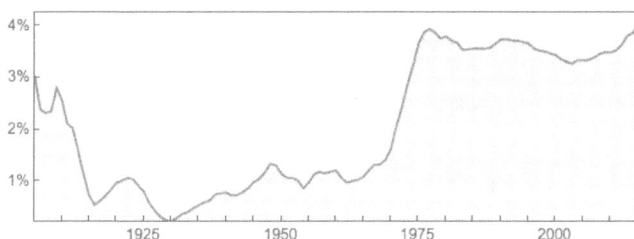

拉马努金的兴趣可能在一定程度上受到了 20 世纪初高峰的推
动（如果有更早的数据，这个峰值可能还会更高）。但到了 20 世纪
30 年代，数学的重点已经从数论和微积分等领域中看似特殊的结果，
转向了似乎更多存在于代数领域的更大的一般性和形式化。

但到了 20 世纪 70 年代，在代数数论的推动下，数论突然又变
得流行起来。（当时出现大幅增长的其他子类别包括自守形式、初等
数论和数列。）

早在 20 世纪 70 年代末，我就听说过拉马努金，不过更多的是
他的故事而不是他的数学。1982 年，当我撰写量子场论中的真空
问题方面的论文时，我很高兴能利用拉马努金的结果给出特定情况
（对应爱泼斯坦 ζ 函数的量子场模式在不同维度上的无穷和）的闭合
形式：

---

① 即 zbMATH。——编者注

Some special values of $Z_p(s) \equiv Z_p(a_1 = 1,..., a_p = 1; s)$ are [22]:

$$Z_0(s) = 0,$$

$$Z_1(s) = 2\zeta(s),$$

$$Z_2(s) = 4\zeta\left(\frac{s}{2}\right)\beta\left(\frac{s}{2}\right),$$

$$Z_4(s) = 8(1 - 2^{2-s})\zeta\left(\frac{s}{2}\right)\zeta\left(\frac{s}{2} - 1\right),$$

$$Z_8(s) = 16(1 - 2^{1-s/2} + 2^{4-s})\zeta\left(\frac{s}{2}\right)\zeta\left(\frac{s}{2} - 3\right), \tag{3.5}$$

where $\beta(s) = \sum_{n=0}^{\infty}(-1)^n(2n+1)^{-s}$ and $\beta(1) = \pi/4$, $\beta(2) = G \simeq 0.915$ (G is Catalan's constant), $\beta(3) = \pi^3/32$. $Z_3(s)$ apparently cannot be expressed as a product of one-dimensional sums.

自 20 世纪 70 年代起，人们开始努力证明拉马努金在他的笔记本中给出的结果，但至今仍未完全完成。人们发现，他的特定结果与数论中出现的一般主题之间的联系越来越紧密。

拉马努金所做的很大一部分工作是研究所谓的特殊函数，并发明一些新函数。特殊函数，如 ζ 函数、椭圆函数、θ 函数等，可以看作定义了方便的数学"包"。我们可以定义无数种可能的函数，但被称为"特殊函数"的那些函数，其定义之所以能够流传下来，是因为它们反复被证明是有用的。

如今，例如在 Mathematica 和 Wolfram 语言中，我们已经将 RamanujanTau、RamanujanTauL、RamanujanTauTheta 和 RamanujanTauZ 内建为特殊函数。我毫不怀疑，未来我们还会有更多受拉马努金启发的函数。在生命的最后一年，拉马努金定义了一些雄心勃勃的特殊函数，他称之为"模拟 θ 函数"，这些函数目前仍在不断具体化，以便进行常规计算。

如果我们看一下拉马努金的 τ 函数的定义，就会发现它似乎相当怪异（注意"24"）：

$$\sum_{1}^{\infty} \tau(n) x^n = x\{(1-x)(1-x^2)(1-x^3)\dots\}^{24}$$

在我看来，拉马努金最了不起的地方在于，他能够定义这样一个看似随意的东西，并且它在一个世纪后被证明是有用的。

它们是随机事实吗

在古代，毕达哥拉斯学派非常重视 $1+2+3+4=10$ 这个事实。但对今天的我们来说，这似乎只是数学中的一个随机事实，并没有什么特别的意义。当我看拉马努金的结果时，其中许多也似乎是数学中的随机事实。但在过去的一个世纪里，尤其是在过去的几十年里，出现了一个令人惊讶的事实，那就是它们并非随机的。相反，人们发现越来越多的结果与深奥、优雅的数学原理有关。

如果要以一种直接而正式的方式阐明这些原理，需要层层抽象的数学概念和语言，而这些概念和语言的发展需要数十年的时间。但不知何故，通过实验和直觉，拉马努金设法找到了这些原理的具体例子。他的例子通常看起来很随意，充满了看似随机的定义和数字。不过，用 20 世纪初的具体数学构造来表达现代抽象原理，这也许并不奇怪。这有点像诗人试图表达深刻的一般性思想，却不得不使用人类自然语言这种不完美的媒介。

事实证明，要证明拉马努金的许多结果非常具有挑战性。其中的部分原因似乎是，为了证明这些结果，并构建出一种好的证明所需的叙述，人们实际上别无选择，只能建立起更抽象、概念更复杂的结构，而且往往要经过很多步骤。

那么，拉马努金是如何成功地预言后来所有这些深奥的数学原理的呢？我认为有两种基本的逻辑上的可能。第一种可能是，如果我们从任何足够令人惊奇的结果（比如数论中的结果）开始深入研究，我们最终会得出一个深奥的原理来解释它。第二种可能是，虽然拉马努金没有能力直接表达它，但他有一种类似审美感觉的东西，知道哪些看似随机的事实可以组合在一起并具有更深层的意义。

我不确定哪种可能是正确的，也许是两者结合。不过，为了更深入地理解这一点，我们应该谈谈数学的整体结构。从某种意义上说，数学是介于琐碎与不可能之间的奇特存在。从根本上说，数学是以简单公理为基础的。就像布尔代数的特殊情况一样，在给出公理的情况下，有一个简单明了的程序可以判定任何特定结果是否正确。但是，自从 1931 年的哥德尔定理（哈代一定知道这个定理，但显然从未对此发表过评论）以来，人们就知道，对于像数论这样的领域来说，情况是完全不同的：在数论的范畴内，人们可以给出一些语句，而根据公理，这些语句的真假是无法判定的。

20 世纪 60 年代初，有人证明，在一些涉及整数的多项式方程中，从算术公理或实际上从数论的形式化方法来看，都无法判定方程是否有解。已知出现这种情况的方程类别的具体例子极其复杂。但根据我对计算宇宙的研究，我早就怀疑还有更简单的方程也会出现这种情况。在过去的几十年里，我有机会向一些世界顶尖的数论学家了解，他们认为不可判定性的边界在哪里。他们的观点不尽相同，但可以肯定的是，例如有三个变量的三次方程就有可能表现出不可判定性。

那么问题来了，为什么看似随机的数论事实，其真假竟然是可以判定的呢？换句话说，拉马努金完全有可能提出一个根本无法从算术公理中证明真假的结果。可以想象，哥德巴赫猜想就是一个例子，拉马努金的许多结果也可能是如此。

拉马努金的一些结果花费了几十年的时间才得以证明，但它们能够被证明这一事实已经是非常重要的信息了。因为这表明，从某种意义上说，这些结果并不只是随机的事实，它们实际上是可以通过证明与基本公理联系起来的事实。

我不得不说，在我看来，这似乎支持了这样一个观点，即拉马努金有直觉和审美标准，尽管他无法直接表达出这些原理，但从某种意义上来说，他还是捕捉到了我们现在所知道的一些更深层次的原理。

自动化拉马努金

我们很容易开始随机挑选数学命题，然后根据经验来判断它们是真是假。哥德尔定理实际上意味着，你永远不知道要走多远才能确定任何特定的结果。有时不需要走多远，但有时可能在某种意义上需要走任意远。

毫无疑问，拉马努金用相当于经验主义的方法使自己相信了他得出的许多结果，而且往往效果很好。然而，正如哈代指出的那样，在质数计数的情况中，事情会变得更加微妙，可能在很大的数上都有效的结果最终会失效。

因此，假设我们观察了可能的数学命题的空间，并挑选出根据经验至少在某种程度上看来是真的命题。接下来的问题是：这些命题之间存在什么联系吗？

试想一下，我们可以给出真命题的证明。这些证明实际上对应一个有向图的路径，这个有向图从公理出发，通向正确的结果。一种可能是，这个图就像一颗星星，每个结果都是由公理独立证明出来的。但另一种可能是，从公理到结果有许多共同的"路径点"，而这些路径点实际上就代表了一般性原理。

如果正确的结果有一定的稀疏性（sparsity），那么其中许多结果通过少数一般性原理联系在一起，可能是不可避免的。也可能有一些结果并不是通过这种方式联系起来的，但也许就是因为它们缺乏联系，所以这些结果并不被认为是"有趣的"。因此，当人们思考一个特定的主题时，这些结果实际上就被放弃了。

我不得不说，这些考虑为我引出了一个重要的问题。我花了很多年时间来研究数学的一般化：计算宇宙中任意简单程序的行为。我发现，在这些程序中可以看到丰富的复杂行为。但我也发现了一些证据，尤其是通过我的计算等价性原理，表明不可判定性在那里是普遍存在的。

但如今的问题是，当人们观察所有这些丰富而复杂的行为时，实际上是否能在其中找到类似拉马努金的事实呢？归根结底，有很多东西是无法轻易通过数学公理系统进行推理的。但是，也许有一些事实网络是可以推理的，而且它们都与某种更深层次的原理相关联。

我们从计算等价性原理的思想中得知，总会有一些"计算可归约性"的地方：在这些地方，人们可以识别抽象的模式并得出抽象的结论，而不会遇到不可判定性的问题。重复行为和嵌套行为就是两个几乎微不足道的例子。但现在的问题是，在特定程序的所有具体细节中，是否还能找到其他一般的组织形式。

当然，虽然在许多系统中都能看到重复和嵌套，但另一种组织形式可能只在更狭窄的范围内才会出现。但我们不知道。而且到目前为止，我们对于找出这种组织形式并没有太大的把握，至少要等到出现一个（或者说除非出现一个）类似拉马努金的人物，此人不是为了传统数学而生，而是为了计算宇宙而生。

当代拉马努金？

还会有第二个拉马努金吗？我不知道这是拉马努金的传奇，还是只是构建世界的自然特征，但至少 30 年来，我不断收到类似哈代在 1913 年从拉马努金那里收到的信件。例如，就在几个月前，我收到了一封电子邮件（恰好也是来自印度），里面有一张笔记本的图片，上面列举了各种数值解接近整数的数学表达式，非常像拉马努金的 $e^{\pi\sqrt{58}}$。

这些数值事实有意义吗？我不知道。Wolfram|Alpha 当然可以生成很多类似的事实，但如果没有拉马努金式的洞察力，很难说哪些是有意义的。

Possible closed forms:

$$35 \sqrt{\pi}\, \log(2) \approx 42.999998629972163525$$

$$-e^{-\frac{5}{2}+\frac{7}{e}-e+\frac{6}{\pi}+3\pi}\, \pi^{\frac{3e}{2}-8} \sin^{\frac{7}{2}}(e\,\pi)\, \sec(e\,\pi) \approx 42.999998629972102625$$

$$\frac{e\,e! - 446 + 176\,e + 1133\,e^2}{72\,e} \approx 42.999998629972110827$$

多年来，我收到过无数类似的信件。数论是其中一个常见的话题，相对论和引力理论也是。尤其是近年来，人工智能和意识也很流行。与数学有关的信件的好处在于，其中通常会有一些直接具体的东西—— 一些具体的公式、事实或定理。在哈代的时代，要检查这些东西很难；而今天则容易得多。但是，就像上面那个几乎都是整数的例子一样，随之而来的问题就是，信中所说的东西是否"有趣"，或者是否只是一个"随机的、无趣的事实"。

不用说，"有趣"的定义并不简单，也不客观。事实上，这个问题与哈代在处理拉马努金的信件时所面临的问题非常相似。如果一个人能够看到呈现在他面前的事物是如何融入他所理解的某种更大的图景或叙事中的，那么，至少在这个框架内，他就能判断出某些事物是否"有趣"。但是，如果我们没有更大的图景，或者如果所呈现的东西"太过超前"，那么我们就真的无法判断它是否应该被认为是有趣的。

当我最初开始研究简单程序的行为时，确实没有背景让我理解其中发生了什么。我得到的图片在视觉上当然很有趣，但我并不清楚更深层次的知识解释是什么。直到好几年后，我才积累了足够的经验数据来形成假说，并提出一些原理，让人们能够回顾我观察到的行为中哪些是有趣的，哪些是无趣的。

我花了几十年的时间来发展计算宇宙科学，但这门科学还很年轻，还有很多东西有待发现，而且这是一个非常容易进入的领域，没有复杂的技术知识门槛。这导致我经常会收到一些来信，信中展示了一些特定的元胞自动机或其他简单程序的非凡行为。我常常能认出这些行为的一般形式，因为它们与我以前见过的东西有关，但有时我却认不出，所以我无法确定哪些行为最终会变得有趣，哪些不会变得有趣。

在拉马努金的年代，数学还是一个年轻的领域，虽然不像研究计算宇宙那么容易入门，但与入门现代学术数学相比，还是相对容易多了。当时有大量的"随机事实"被发表出来：首次完成的特定类型积分，或者可以求解的一类新方程。许多年后，我们将尽可能收集这些事实，并将其纳入 Mathematica 和 Wolfram 语言的算法和知识库中。但在当时，这些发表的论文最重要的一部分可能是给出的证明，即对于为什么这些结果是正确的解释。因为在这些证明中，至少有可能引入了可以在其他地方重复使用的概念，并建立起了数学结构的一部分。

在这里详细讨论这个问题会让我们偏离主题，但在计算宇宙的研究中有一种类似的方法——计算机实验的方法论。就像一个证明可以包含定义获取数学结果的一般方法论的元素一样，搜索、可视化或分析的特定方法也可以定义计算机实验中的一些通用和可重复使用的东西，并且可能会给出关于某种潜在的思想或原理的指示。

因此，有点像拉马努金时代的许多数学期刊，我试图提供一份期刊和一个论坛，人们可以报告有关计算宇宙的具体成果，尽管沿着这条路径还有很多事情可以做。

如果我收到的一封信中包含明确用数学符号表示的数学内容，那么至少其中有一些具体的东西我可以理解。但是，很多事情无法用数学符号来表述。而且，不幸的是，很多时候，信件都是用简洁的英语（当然如果用其他语言的话，对我来说会更糟糕）写的，我几乎不可能知道他们想表达什么。但现在有一种更好的方法：人们越来越多地使用 Wolfram 语言来表达。在这种形式下，我总能知道别人想说什么，尽管我可能仍然不知道它是否有意义。

多年来，我通过收到的信件认识了许多有趣的人。他们经常来参加我们的暑期学校，或者在我们的各种渠道上发表文章。我还没有像哈代和拉马努金那样戏剧性的故事（至少目前还没有）。不过，能以这种方式与人们建立联系，尤其是在他们的成长阶段，是非常美妙的。我不能忘记，很久以前我还是一个 14 岁的孩子时，曾把自己所做研究的论文寄给世界各地的物理学家……

假如拉马努金有 Mathematica

拉马努金用粉笔在石板上手工计算，后来用铅笔在纸上计算。如今，有了 Mathematica 和 Wolfram 语言，我们有了更强大的工具来进行数学实验，在数学（更不用说广泛的计算宇宙了）中发现。

想象拉马努金会用这些现代工具做些什么，是一件很有趣的事情。我认为他是个冒险家，他会深入数学宇宙，发现各种稀奇古怪的东西，然后用他的直觉和审美来判断哪些东西可以结合在一起，哪些东西需要进一步研究。

拉马努金无疑有着非凡的才能。但我认为，要追随他的脚步，第一步就是要敢于冒险：不要停留在舒适的既定数学理论中，而是要走到更广阔的数学宇宙中，开始通过实验来发现真理。

近一个世纪后，拉马努金的许多发现才被纳入更广泛、更抽象的背景之中。但拉马努金给我们的一个巨大启发是，只要有正确的感觉，即使在更广泛的背景被人们埋解之前，也有可能取得巨大的进步。我希望有更多的人能够利用我们今天所拥有的工具，追寻拉马努金的脚步，在实验数学领域取得重大发现，无论他们是否会以意想不到的信件的方式宣布这些发现。

第 15 章

所罗门·戈洛姆

2016 年 5 月 25 日

历史上最常用的数学算法思想

octillion，指的是一千亿亿亿（10^{27}）[1]，这是对全球某处的手机或其他设备使用最大长度线性反馈移位寄存器（linear-feedback shift register, LFSR）序列生成一个比特的次数的保守估计。这可能是历史上最常用的数学算法思想了。这个想法的主要提出者是我认识了 35 年的所罗门·戈洛姆（Solomon Golomb），他在今年的 5 月 1 日去世了。

所罗门·戈洛姆于 1967 年出版的经典著作《移位寄存器序列》（*Shift Register Sequences*），源自他在 20 世纪 50 年代的研究工作，该书早已绝版。但是，这本书的内容在几乎所有现代通信系统中仍然存在。阅读 3G、LTE、Wi-Fi、蓝牙或 GPS 的规格说明，你会发现其中提到了一些多项式，它们决定这些系统用来对其所发送数据进行编码的移位寄存器序列。所罗门·戈洛姆就是弄清如何构建这些多项式的人。

他还负责首次使用雷达探测金星到地球的距离，以及研究如何

---

① octillion 在美式英语中表示 10^{27}，在英式英语中表示 10^{48}。——编者注

对从火星发送的图像进行编码。他向世界介绍了他称之为多格骨牌
（polyomino）的东西，这后来启发了俄罗斯方块（Tetris，最初称"四
格网球"，tetromino tennis）。他创造并解决了无数数学和文字游戏
难题。我在 20 年前了解到，早在 1959 年，也就是我出生的那一年，
他就差一点发现了我最喜欢的元胞自动机规则 30。

我是如何认识索尔·戈洛姆 [①] 的

　　我认识的大多数科学家和数学家都是通过职业关系认识的，但
索尔·戈洛姆不是。那是 1981 年，我在美国加州理工学院工作，是
一名 21 岁的物理学家，因为是第一批麦克阿瑟奖获得者中最年轻的
一个而受到媒体的关注。有人敲我办公室的门，一位年轻女士来了。
这本来就很不寻常了，因为那个时候在理论高能物理小组里，女性
少得可怜。我是一个被保护得很好的英国人，在美国加利福尼亚州
待了几年，但还没有真正踏出过大学校园。那天突然造访的南加利
福尼亚州人的热情让我措手不及。她自我介绍说她叫阿斯特丽德
（Astrid），说她去过英国牛津，认识我幼儿园的一个同学。她解释
说，她的个人任务是在帕萨迪纳地区寻找有趣的熟人。我想她会认
为我是一个难缠的人，但还是坚持了下来。有一天，当我试图解释
我正在做的工作时，她说："你应该见见我的父亲。他是老了点，但
仍然非常敏锐。"就这样，索尔·戈洛姆的大女儿阿斯特丽德·戈洛

---

① 索尔（Sol）为所罗门（Solomon）的简称。——译者注

姆把我介绍给了她父亲。

戈洛姆一家住在帕萨迪纳附近山上的一栋房子里。我知道他们有两个女儿，一个叫阿斯特丽德，比我稍大一点，渴望成为好莱坞人物，另一个叫比阿特丽斯（Beatrice），年龄与我相仿，是一名精力充沛的科学家。戈洛姆姐妹经常在她们的家中举办派对。派对有各种主题，比如火烈鸟和刺猬主题槌球花园派对（"谁穿得最符合主题，谁就会得到认可"），或者用古北欧文字书写引导说明的巨石阵派对。这些派对的参与者既有年轻人，也有不太年轻的人，还包括当地的各种名人。索尔·戈洛姆总在派对上畏畏缩缩，他个子不高，留着大胡子，有一种精灵般的气质，通常穿着一件深色西装外套。

我逐渐了解了索尔·戈洛姆的一些情况：他从事信息论的研究，在南加利福尼亚大学工作，有各种没有明说但显然是政府高层和其他方面的关系。我以前听说过移位寄存器，但了解得不多。

1982年秋天，我访问了位于新泽西州的贝尔实验室，并就我在元胞自动机方面的最新研究成果发表了演讲。我讨论的一个话题是我所谓的"加性"或"线性"元胞自动机，以及它们在元胞数量有限的情况下的行为。只要元胞自动机的元胞数量有限，其行为最终就会不可避免地重复。但是，随着元胞数量的增加，最大重复周期（比如对于规则90加性元胞自动机来说）似乎会很随意地跳来跳去：1，1，3，2，7，1，7，6，31，4，63，…。不过，在我演讲的前几天，我注意到这些周期实际上似乎遵循着一个公式，而这个公式取决于元胞数量的质因数分解等因素。但当我在演讲中提到这一点时，后面有人举手问道："你知道这个公式在$n = 37$的情况下是否还有效吗？"

我的实验还没有进行到 37 这个大小的程度，所以我不知道。但为什么会有人这么问呢？

提问的人原来是贝尔实验室的数论专家安德鲁·奥德雷兹科（Andrew Odlyzko）。我问他："究竟是什么让你觉得 $n = 37$ 有什么特别之处呢？"他说："嗯，我认为你正在做的事情与线性反馈移位寄存器理论有关。"他建议我看看索尔·戈洛姆的书。（我说："哦，是的，我认识他的女儿……"）安德鲁确实说对了：基于多项式的加性元胞自动机有一个非常优雅的理论，与索尔为线性反馈移位寄存器开发的理论相似。安德鲁和我最后就此写了一篇论文，现在已经被广泛引用（这篇论文很有趣，因为它是一个罕见的案例，其中传统的数学方法可以让人说出非平凡元胞自动机行为的一些事情）。对我来说，一个附带的影响是，我了解了这位有点神秘的索尔·戈洛姆究竟做了些什么。（别忘了，那时候还没有网络，人们不可能马上查到所有信息。）

索尔·戈洛姆的故事

所罗门·戈洛姆于 1932 年出生在美国马里兰州巴尔的摩市。他的家族来自立陶宛。他的祖父曾是一名拉比[①]。他的父亲在年轻时移居美国，获得了数学硕士学位，之后转而研究中世纪犹太哲学，也成为一名拉比。他的母亲来自一个显赫的俄罗斯家族，曾为沙皇的军队

[①] 希伯来语 rabbī 的音译，意为"老师""先生"。原为犹太人对师长的尊称，后指犹太教中学过《圣经》和《塔木德》，负责执行教规、律法并主持宗教仪式的人。此外，基督教的耶稣，有时也被门徒称作"拉比"。——译者注

制造靴子，后来经营一家银行。索尔在学校时成绩很好，尤其是在当地的辩论赛中叱咤风云。在父亲的鼓励下，他对数学产生了浓厚的兴趣，并在 17 岁时发表了关于自己提出的一个质数问题的文章。高中毕业后，索尔进入美国约翰斯·霍普金斯大学学习数学，他承诺自己不会转学医学，从而巧妙地避开了犹太学生的配额。他还选修了两倍于平常的课程，1951 年，他只用了通常一半的时间就毕业了。

之后，他进入哈佛大学攻读数学研究生。但他首先在格伦·L.马丁（Glenn L. Martin）公司做了一份暑期工作，这家成立于 1912 年的航空航天公司在 20 世纪 20 年代从洛杉矶搬到了巴尔的摩，成为一家国防承包商，并最终与其他公司合并为洛克希德·马丁（Lockheed Martin）公司。在哈佛，索尔专攻数论，尤其是质数集的特征问题。但每年夏天，他都会回到马丁公司。正如他后来所描述的那样，他发现在哈佛大学，"数学系教授或研究的东西是否具有任何实际应用，这个问题甚至都不能提，更不用说讨论了"。但在马丁公司，他发现自己所知道的纯粹数学，即使是关于质数和其他东西的，确实有实际应用，而且是非常有趣的应用，尤其是在移位寄存器方面。

在马丁公司的第一年夏天，索尔被分配到一个控制理论小组。但到了第二年夏天，他被调到了一个研究通信的小组。1954 年 6 月，索尔的主管恰好去参加一个会议，在会上他听说了在线性反馈移位寄存器（他称之为"带反馈的抽头延迟线"[①]）中所观察到的奇怪行为，

[①] 线性反馈移位寄存器有些位参与异或，有些位不参与异或，其中参与异或的位被称为抽头（tap）。抽头会影响下一状态的比特位。详见下一节。——译者注

于是他问索尔是否可以进行研究。索尔很快就意识到，利用他所掌握的关于有限域上的多项式的纯粹数学知识，可以非常优雅地研究这一现象。在随后的一年里，他一边在哈佛大学攻读研究生，一边为马丁公司提供咨询服务。1955 年 6 月，他撰写了他的最终报告《具有随机特性的序列》（"Sequences with Randomness Properties"），这基本上成为移位寄存器序列理论的奠基文献。

索尔喜欢数学谜题，在思考一个涉及在棋盘上排列多米诺骨牌的谜题的过程中，他最终发明了他所谓的"多格骨牌"。1953 年 11 月，他在哈佛数学俱乐部发表了关于多格骨牌的演讲，同时发表了一篇相关的论文（这是他发表的第一篇研究论文），并因其在这方面的工作而获得了哈佛数学奖。正如他后来所说的那样，他"发现自己早已义无反顾地致力于对它们的维护与支持"，并持续终生。

CHECKER BOARDS AND POLYOMINOES

S. W. GOLOMB, Harvard University

Our starting point is the well-known problem: Given a checker board with a pair of opposite corners deleted (Fig. 1), and given a box of dominoes, where each domino covers exactly two squares of the checker board, is it possible to cover this checker board exactly with dominoes? The answer is "no"; for suppose that the checker board is colored in the usual manner (Fig. 1). Then each domino covers one light square and one dark square. Thus n dominoes would cover n light squares and n dark squares, that is, an equal number of each. But the checker board of Fig. 1 has more dark squares than light squares, and so it cannot be covered with dominoes.

We shall retain the 8×8 checker board as our "canonical domain," but we shall generalize the "domino" to the "polyomino," and our theorems will involve all the simpler polyominoes, shown in Figure 2. More precisely, we define an n-omino as a simply-connected set of n squares of the checker board which are "rook-wise connected"; that is, a rook placed at any square of the n-omino must be able to get to any other square, in a finite number of moves.

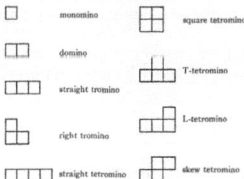

monomino

domino

straight tromino

right tromino

straight tetromino

square tetromino

T-tetromino

L-tetromino

skew tetromino

Fig. 2

First we consider trominoes. Clearly it is impossible to cover the 8×8

675

(iii) Find all the pseudo-tetrominoes.

We can generalize even further, to the *quasi-polyominoes*, which need not be connected at all. Figure 11 shows first a certain quasi-tromino; then it shows how two of these may be combined to form a certain hexomino; and using 10 of these hexominoes, with one of the original quasi-trominoes, and one monomino, how to cover the checker board. Thus it is possible to cover the checker board with 21 of these quasi-trominoes, and one monomino.

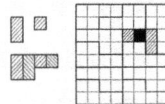

Fig. 11

4. *Pentominoes.* There are twelve distinct pentominoes. They all appear in Figure 12, which moreover solves this problem: Is it possible to place all 12 pentominoes on the checker board at the same time? The solution pictured here is the "best," in the sense that the four squares left over are not merely from a tetromino, but a square tetromino, in the center of the board.

Other interesting pentomino problems arise when one tries to cover the checker board with 12 pentominoes of a single type, and one square tetromino.

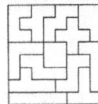

Fig. 12

5. *The board.* The shape of the checker board can be altered at will to obtain new problems. For example, is it possible to fit all twelve distinct pentominoes

1955 年 6 月，索尔获得富布赖特奖学金（Fulbright Fellowship），前往挪威奥斯陆大学学习一年，一方面是为了能与那里一些杰出的数论学者共事，另一方面是为了在他的语言技能库中增加挪威语、瑞典语和丹麦语（以及一些古北欧文字）。在那里，他完成了一篇关于质数的长篇论文，还花时间周游了斯堪的纳维亚半岛，并在丹麦结识了一位名叫博（Bo，全名博迪尔·吕高，Bodil Rygaard）的年轻女子，她来自一个以泥炭藓闻名的农村地区的大家族，她成功考上了大学，正在学习哲学。索尔和博显然一见钟情，没过几个月，他们就结婚了。

1956 年 7 月，他们回到美国后，索尔在几个地方进行了面试，然后接受了美国喷气推进实验室（JPL）的一份工作。喷气推进实验室是从加州理工学院分离出来的，最初做军事工作。索尔被分配到通信研究小组，担任高级研究工程师。那时候，喷气推进实验室的人都渴望尝试发射卫星。起初，政府不允许他们这么做，担心这会被视为军事行为。但这一切在 1957 年 10 月苏联发射了"斯普特尼克 1 号"人造卫星之后发生了改变，该卫星表面上是作为国际地球物理年活动的一部分发射的。令人惊讶的是，美国仅用了 3 个月就发射了"探险者 1 号"。喷气推进实验室建造了它的大部分，索尔的实验室（他的技术人员在那里建造移位寄存器的电子实现装置）被借调来做一些事情，比如制造辐射探测器（恰好包括发现范艾伦辐射带的探测器），而索尔本人则在卫星发射时利用雷达来确定卫星的轨道，其间还抽出一点时间回哈佛大学参加了他的最后一次博士考试。

那是喷气推进实验室和太空计划极为活跃的时期。1958 年 5 月，一个新的信息处理小组成立，索尔被任命为负责人。同月，索尔的

第一个孩子，也就是前面提到的阿斯特丽德出生了。索尔继续研究
移位寄存器序列，尤其是应用于导弹抗干扰无线电控制的移位寄存
器序列。1959 年 5 月，索尔的第二个孩子也出生了，取名比阿特丽
斯，组成了一个漂亮的 A、B 序列[①]。1959 年秋，索尔在麻省理工学
院休假，他在那里结识了克劳德·香农和麻省理工学院的其他一些
名人，并开始研究信息论和代数码理论。

碰巧的是，索尔已经在生物学领域的编码理论方面做了一些工作。
吉姆·沃森（Jim Watson）和弗朗西斯·克里克（Francis Crick）于
1953 年发现了 DNA 的数字性质，但当时人们还不清楚 4 个可能的碱
基对组成的序列是如何编码 20 种氨基酸的。1956 年，吉姆·沃森在
加州理工学院的前博士后导师马克斯·德尔布吕克（Max Delbrück）
在喷气推进实验室询问，是否有人能弄明白这个问题。索尔和两位同
事分析了弗朗西斯·克里克的一个想法，提出了"无逗点码"（comma-
free code），其中重叠的三对碱基可以编码氨基酸。分析表明，正好可
以通过这种方式编码 20 种氨基酸。这似乎是对所见事物的一个惊人解
释，但不幸的是，这并不是生物学的实际运作方式（生物学使用更直
接的编码方式，其中 64 个可能的三元组中有一些并不代表任何东西）。

除了生物学之外，索尔还涉足物理学。他的移位寄存器序列对雷
达测距很有用（就像现在 GPS 中所使用的那样），在索尔的建议下，
他被安排负责利用这些序列来测量金星到地球的距离。就这样，在
1961 年初，当时太阳、金星和地球正处于同一条直线上，索尔的团队
利用莫哈韦沙漠中 85 英尺高的戈德斯通射电碟形天线，接收从金星上

---

① 两人的名字首字母分别是 A、B。——编者注

反射回来的雷达信号，极大地提高了我们对地金和地日距离的认识。

由于对语言、编码和太空的兴趣，索尔不可避免地参与到了与地外智慧生物通信的问题之中。1961 年，他为美国空军撰写了一篇题为《地外语言学简明入门》（"A Short Primer for Extraterrestrial Linguistics"）的论文，在接下来的几年里，他又为更广泛的读者撰写了多篇相关论文。他说："与外星人通信涉及两个问题。一个是机械问题，即如何找到一种双方都能接受的渠道。另一个是哲学问题（语义、伦理和形而上学），即选择能够进行对话的合适主题。简单地说，我们首先需要一种共同语言，然后必须想出一些恰当的话题。"他继续说道，语气中流露出他特有的幽默，"当然，在弄清外星人对我们的意图是否光明磊落之前，我们不能冒险说太多。毫无疑问，政府将成立一个宇宙情报局（Cosmic Intelligence Agency，CIA）来监视地外智慧生物。我们将严格遵守极端安全防范措施。正如 H. G. 威尔斯（H. G. Wells）曾经指出的那样 [或者是《迷离时空》（The Twilight Zone）中的一集？]，即使外星人如实告诉我们，他们的唯一意图是'喂饱人类'，我们也必须努力查明他们是想把自己烤了还是油炸了来喂我们。"

在喷气推进实验室工作期间，索尔还在附近的大学教授过一些课程，包括加州理工学院、南加利福尼亚大学和加州大学洛杉矶分校。1962 年秋天，随着喷气推进实验室的一些变动，也许是因为想花更多的时间陪伴年幼的孩子，他决定成为一名全职教授。三所学校都向他发出了邀请。他想去一个可以"有所作为"的地方。他被告知，在加州理工学院，"如果没有起码获得诺贝尔奖，就没有任何影响力"，而在加州大学洛杉矶分校，"加州大学的官僚作风使得任何人都没有

能力影响任何事情"。因此，尽管南加利福尼亚大学在当时的声誉远
不如加州大学洛杉矶分校，索尔还是选择了前者。1963 年春，他以
电气工程教授的身份前往南加利福尼亚大学，一待就是 53 年。

移位寄存器

　　在继续讲述索尔的故事之前，我应该先解释一下什么是线性反馈
移位寄存器（LFSR）。基本思想很简单，想象一排方格子，每个方格
都包含 1 或 0（比如分别对应黑色或白色）。在一个纯移位寄存器中，
每移一步，所有数值都会向左移动一个位置。最左边的值会丢失，同时
一个新的值会从右边"移入"。反馈移位寄存器的原理是，移入的值由
移位寄存器中其他位置的值决定（或称"反馈"）。在一个线性反馈移
位寄存器中，寄存器中特定位置的抽头值通过模 2 加法（即 $1 \oplus 1 = 0$，
而不是 2）组合，或等价于通过异或运算（XOR，即如果其中一个输
入为真，则结果为真，两个输入同时为真则结果为假[①]）组合。

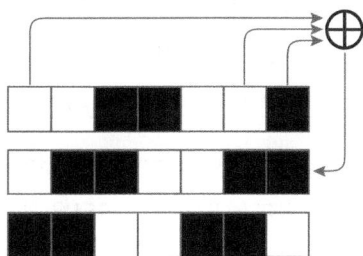

---

① 异或运算可简单表述为：两个输入相同则结果为假，输入不同则结果为真。——编者注

如果这样运行一段时间，就会发生以下情况：

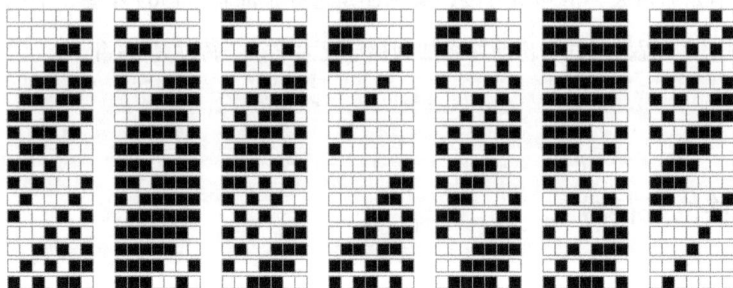

显然，移位寄存器总是向左移位。它有一个非常简单的规则，规定如何在右侧添加位。但是，如果我们观察一下这些位的序列，就会发现它似乎相当随机，尽管如上图所示，它最终确实会重复。索尔·戈洛姆所做的事情就是找到一种优美的数学方法来分析这种序列，以及它们是如何重复的。

如果移位寄存器的大小为 n，那么它总共有 2^n 种可能的状态（对应长度为 n 的所有可能的 0、1 序列）。由于移位寄存器的规则是确定的，任何给定的状态都必须始终进入相同的下一个状态。这意味着移位寄存器在发生重复之前可能经历的最大步数是 2^n（实际上是 2^n-1，因为全部为 0 的状态无法演变成任何其他状态）。

在上面的例子中，移位寄存器的大小为 7，结果发现它正好重复了 $2^7-1=127$ 步。但是，哪种特定抽头排列的移位寄存器能产生最大长度的序列呢？这是索尔·戈洛姆在 1954 年夏天着手研究的第一个问题。他的答案简单而优雅。

上面的移位寄存器在 7、6 和 1 三个位置上都有抽头。索尔用多

项式 $x^7 + x^6 + 1$ 将其代数化。然后，他证明了如果这个多项式"模 2 后不可归约"（irreducible modulo 2），那么生成的序列长度将是最大的，因此它不能被因式分解，这就类似于多项式中的质数，同时它还具有其他一些特性，使其成为所谓的"本原多项式"（primitive polynomial）。如今，有了 Mathematica 和 Wolfram 语言，像这样的测试就很容易了：

In[1]:= **IrreduciblePolynomialQ$\left[x^7 + x^6 + 1, \text{Modulus} \rightarrow 2\right]$**

Out[1]= True

而在 1954 年，索尔不得不手工完成所有这些工作，但他得出了一张相当长的表，上面列出了与移位寄存器相对应的不可归约多项式，这些多项式给出了最大长度序列：

Table III-5. Irreducible polynomials modulo 2, through degree 11, with their periods.

Degree (bold) & polynomial*	Period	Degree (bold) & polynomial	Period	Degree (bold) & polynomial	Period
1		211	127	613	85
2		217	127	615	255
3	1	221	127	637	51
2		235	127	643	85
7	3	247	127	661	255
3		253	127	661	51
13	7	271	127	675	85
15	7	301	127	703	255
4		313	127	717	255
23	15	323	127	727	17
31	15	325	127	735	85
37	5	345	127	747	255
5		357	127	763	51
45	31	361	127	765	255
51	31	367	127	771	85
57	31	375	127	**9**	
67	31	**8**		1003	73
73	31	433	51	1021	511
75	31	435	255	1027	511
6		453	255	1033	511
103	63	455	255	1041	511
111	21	471	17	1055	511
127	21	477	85	1063	511
133	63	515	255	1137	511
141	63	537	255	1145	73
147	63	543	255	1151	511
155	63	545	255	1157	511
163	63	551	255	1167	511
165	21	561	255	1175	511
7		567	85	1207	511
203	127	573	85	1225	511
		607	255	1231	511

* If $f(x) = \sum c_i x^i$, the table entry is $\sum c_i 2^i$ written in the base 8. Thus $x^5 + x^3 + x^2 + x + 1$ becomes binary 101, 111 which is octal "57."

Table III-5 (Cont'd.)

Degree (bold) & polynomial	Period	Degree (bold) & polynomial	Period	Degree (bold) & polynomial	Period
1243	511	1773	511	2547	341
1245	511			2553	1023
1257	511	**10**		2605	1023
1267	511	2011	1023	2617	1023
1275	511	2017	1023	2627	1023
1317	511	2033	1023	2635	341
1321	511	2035	1023	2641	1023
1333	511	2047	1023	2653	341
1365	511	2055	1023	2671	341
1371	511	2065	93	2701	341
1401	73	2107	341	2707	1023
1423	511	2123	341	2745	1023
1425	511	2143	341	2757	1023
1437	511	2145	1023	2773	1023
1443	511	2157	1023	3023	1023
1461	511	2201	1023	3025	1023
1473	511	2213	1023	3043	33
1511	73	2231	341	3045	1023
1517	511	2251	341	3061	1023
1533	511	2257	341	3067	1023
1541	511	2305	1023	3103	1023
1553	511	2311	341	3117	1023
1555	511	2327	1023	3121	341
1563	511	2347	1023	3133	1023
1577	511	2353	341	3171	1023
1605	511	2363	1023	3177	1023
1617	511	2377	1023	3205	93
1641	73	2413	93	3211	1023
1665	511	2415	1023	3247	93
1671	511	2431	1023	3285	1023
1707	511	2437	341	3301	341
1715	511	2443	1023	3301	1023
1715	511	2461	1023	3315	341
1725	511	2475	1023	3315	1023
1731	511	2503	1023	3323	1023
1743	511	2527	1023	3337	1023
1751	511	2541	93	3367	341

移位寄存器的史前时期

通过使用循环数字脉冲（比如在真实的水银柱中）的"延迟线"来维持短暂记忆的想法，可以追溯到电子计算机的早期。到了20世纪40年代末期，这种延迟线已经开始以纯数字方式实现，使用一系列真空管，并被称为"移位寄存器"。第一个反馈移位寄存器是何时制造出来的，目前不得而知，也许是在20世纪40年代末。但由于它们似乎最早被用于军事密码学，这至今仍是一个谜。

密码学的基本思想是选择有意义的信息，然后对其进行随机化处理，使其无法被识别。但如果知道用于创建信息的密钥，则随机化就可以随时被逆转。所谓序列密码（stream cipher）的工作原理是生成一长串看似随机的比特序列，然后将其与信息的某种表示形式结合起来，再让接收者独立生成相同的看似随机的比特序列，并从收到的编码信息中"还原"出来，从而进行解码。

线性反馈移位寄存器起初似乎因其较长的重复周期而受到密码学的青睐。结果，索尔用来寻找这些周期的数学分析清楚地表明，这种移位寄存器并不适合安全加密。但在早期，它们似乎相当不错，特别是与恩尼格玛密码机（Enigma machine）中的连续转子位相比。一直以来都有传言，说苏联的军事密码系统长期以来就是以线性反馈移位寄存器为基础的。

早在2001年，当我在为《一种新科学》一书撰写历史注释时，我曾与索尔进行过一次长时间的电话交谈，内容是关于移位寄存器的。索尔告诉我，他刚开始工作时，对移位寄存器的加密工作一无所知。他说，贝尔实验室、林肯实验室和喷气推进实验室的人是与他同一时期开始研究移位寄存器的。不过，也许是由于懂得更多的纯粹数学，他比他们走得更远，最终，他在 1955 年的报告中基本上定义了这个领域。

在随后的几年里，索尔逐渐从纯粹数学文献中听说了与他工作相关的许多前辈。早在 1202 年，斐波那契（Fibonacci）就已经开始讨论现在所说的斐波那契数，这些数由一种递推关系生成，这种递推关系与线性反馈移位寄存器类似，但它处理的是任意整数，而不仅仅是 0 和 1。20 世纪初，人们对 0 和 1 的递推关系做了一些研究，但最早一次的大规模研究似乎是由厄于斯泰因·奥雷（Øystein Ore）完成的，严格说来，他是来自挪威奥斯陆大学的，但他当时在美国耶鲁大学。奥雷有一个名叫马歇尔·霍尔（Marshall Hall）的学生，索尔告诉我，他知道霍尔曾在 20 世纪 40 年代末为美国国家安全局的前身提供过咨询服务，可能是关于移位寄存器的。可无论他做了什么，都是保密的，所以尽管索尔确实在 1967 年出版的一本关于移位寄存器的书的献词里提到了马歇尔·霍尔，但是线性反馈移位寄存器的发现以及其故事的出版还是落到了索尔的身上。

移位寄存器序列有什么好处

多年来，我注意到这样一个原理：由足够简单的规则定义的系统最终总会有很多应用。移位寄存器正是遵循了这一原理。例如，现代硬件（和软件）系统中到处都是移位寄存器：一部典型的手机可能就有十几个或几十个移位寄存器，通常通过硬件实现，但有时也通过软件实现。（我这里说的"移位寄存器"是指线性反馈移位寄存器，即 LFSR。）

大多数情况下，移位寄存器都能提供最大长度序列（又称"M序列"）。使用它们的原因通常与索尔发现的一些非常特殊的属性有关。它们通常具有的一个基本属性是，包含相同数量的 0 和 1（实际上，1 总是多出一个）。索尔接着证明，它们也有相同数量的 00、01、10 和 11，而且对于更大的区块也是如此。这种"平衡"属性本身就非常有用，比如在人们试图有效地测试所有可能作为电路输入的比特模式的时候。

但索尔发现了另一个更重要的属性。将序列中的每个 0 替换为 −1，然后将移位后的序列中的每个元素与原始序列中的对应元素相乘。索尔发现，如果把这些乘积相加，它们的和总是零，除非根本没有发生过移位。说得更专业一点，他证明了序列与其自身移位后的序列之间不存在相关性。

对于任何足够长的 0、1 随机序列来说，这个属性与平衡属性都大致成立。但最大长度移位寄存器序列的惊人之处在于，这些属性总是完全成立的。从某种意义上来说，这些序列具有随机性的某些特征，却是以一种非常完美的方式出现的，这是因为它们根本不是随机的，而是具有非常明确、有组织的结构。

正是这种结构使得线性反馈移位寄存器最终不适合用于强加密。但对于基本的"加扰"（scrambling）和"廉价加密"（cheap cryptography）

来说，它们却非常适合，它们被广泛用于这些目的。一个非常常见的目的就是"白化"（whiten，如"白噪声"）信号。想要传输包含长串 0 序列的数据是极为常见的。但是，如果接收这些数据的电子设备长时间看到相当于"静默"（silence）的信号，则会产生混淆。我们可以通过将原始数据与移位寄存器序列相结合，对其进行加扰处理，从而避免这一问题。事实上，Wi-Fi、蓝牙、USB、数字电视、以太网和其他许多地方都是这样做的。

移位寄存器加扰通常会带来一个很好的额外作用，那就是使信号更难解码，有时这至少能提供一定程度的安全性。（DVD 使用大小为 16 和 24 的移位寄存器组合来尝试对数据进行编码；许多 GSM 电话使用三个移位寄存器组合来对所有信号进行编码，这种方式最初是保密的。）

GPS 也非常依赖移位寄存器序列。每颗 GPS 卫星都在不断传输移位寄存器序列（来自大小为 10 的移位寄存器）。接收器通过查看接收了序列的哪个部分，就能准确地知道刚刚接收到的信号是从哪个卫星传输过来的。通过比较来自不同卫星的延迟时间，接收器就能对自己的位置进行三角定位。（GPS 还有一种精确模式，使用的是大小为 1024 的移位寄存器。）

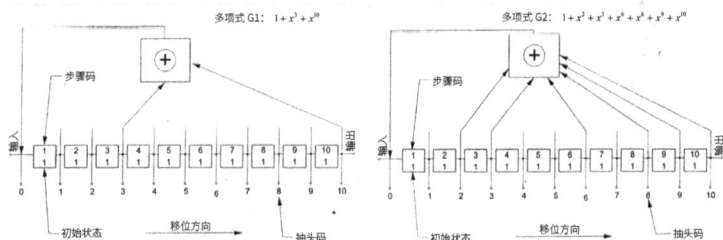

移位寄存器的另一个完全不同的用途是错误检测。假设要传输一个比特块（block of bits），但每一个比特块都有很小的出错概率。检查单个错误的简单方法是加入一个"奇偶校验码"，说明比特块中 1 的个数是奇数还是偶数。这种方法也有一个更广义的扩展叫作CRC（cyclic redundancy check，循环冗余校验），可以检查更多的错误，计算方法主要是将数据输入线性反馈移位寄存器。（此外也有纠错码，使人们不仅可以检测，还能纠正一定数量的错误，其中一些同样可以借助移位寄存器序列计算得出。事实上，索尔·戈洛姆在设计火星飞船的视频编码时，就使用了一种叫作里德—所罗门码的纠错码）。

移位寄存器序列的用途数不胜数。一个相当奇特的、过去比现在更流行的例子，是使用移位寄存器序列来震荡计算机中的时钟，以分散 CPU 可能产生无线电干扰的频率（"在 BIOS 中选择'启用扩频技术'"）。

移位寄存器序列最显著的用途之一是在手机中，用于所谓的CDMA（码分多址）。手机（cellphone）之所以得名，是因为它们以"小区"（cell）为单位运行，特定小区中的所有手机都连接到一个特定的信号塔。但是，如何才能确保一个小区中的不同手机互不干扰呢？在最初的系统中，只是每部手机与信号塔协商使用略有不同的频率。后来，它们使用不同的时间片（TDMA，时分多址）。但 CDMA 使用最大长度移位寄存器序列，提供了一种巧妙的替代方法。

该想法是让所有手机的工作频率基本相同，但让每部手机（在最简单的情况下）使用移位寄存器序列的不同移位版本对信号进行编码。由于索尔的数学成果，这些不同的移位版本之间不存在相关性，因此手机信号不会相互干扰。例如，大多数 3G 手机网络就是这样运行的。

索尔为此创造了数学理论，还召集了一些关键人物。早在 1959 年，他就认识了刚在麻省理工学院获得博士学位的欧文·雅各布斯（Irwin Jacobs）。同时，他还认识了在喷气推进实验室工作的安迪·维泰尔比（Andy Viterbi）。索尔介绍他们认识，到 1968 年，他们成立了一家名为 Linkabit 的编码系统公司，主要为军方服务。

Linkabit 有许多分拆和衍生公司，1985 年，雅各布斯和维泰尔比成立了一家名为高通（Qualcomm）的新公司。这家公司起初并没有取得特别好的业绩，但到了 20 世纪 90 年代初，当它开始生产在手机中部署的 CDMA 组件时，它开始迅速崛起。索尔于 1999 年成为南加利福尼亚大学的"维泰尔比通信技术教授"。

移位寄存器用在哪里

虽然大多数人从未听说过它们，但在现代通信系统、计算机和其他系统中，几乎每次移动比特位时，都会以这样或那样的方式使用移位寄存器序列，这实在令人惊讶。但有时这也会让人很困惑，因为有很多不同名称和缩写的东西实际上都是线性反馈移位寄存器序列（伪噪声、M、FSR、LFSR 序列，扩频通信，MLS，SRS，PRBS……）。

纵观手机，移位寄存器序列的使用率在过去几年中时高时低。2G网络基于TDMA，因此不使用移位寄存器序列对数据进行编码，但仍经常使用CRC验证数据块。3G网络主要使用CDMA，因此传输的几乎每个比特都涉及移位寄存器序列。4G网络通常结合使用时隙和频隙，不直接涉及移位寄存器序列，但仍会使用CRC，例如在频窗重叠时处理数据完整性问题。5G的设计更为复杂，大型天线阵列可动态调整，以使用最佳时隙和频隙。但其信道通常有一半被分配给用于推断本地无线电环境的导频信号，而这些信号正是通过传输移位寄存器序列来工作的。

在大多数电子产品中，人们通常都希望使用最高的数据传输速率和最低的功耗，以便在"噪底"（noise floor）之上正确传输比特。而通常情况下，达到这一极限的方法是使用CRC和移位寄存器序列进行自动错误检测。事实上，计算机内部几乎每一种总线（PCIe、SATA等）都会这样做，无论是连接CPU的部件、从设备上获取数据，还是通过HDMI连接显示器。例如，在磁盘和内存中，CRC和其他基于移位寄存器序列的编码被普遍使用，从而以尽可能高的速率和密度运行。

移位寄存器无处不在，因此很难估算到底有多少移位寄存器在被使用，以及它们产生了多少比特。全球大约有100亿台计算机，手机数量略少，嵌入式设备和物联网设备的数量也在不断增加。（例如，即使是世界上的10亿辆汽车中，也有很多至少装有10个微处理器。）

那么移位寄存器的运行速率是多少呢？在这里，事情又变得复杂了。例如，在通信系统中，有一个基本的载波频率，通常在吉赫

（GHz，也称千兆赫）范围内，另有一个所谓的"码片速率"（chipping rate，或也奇怪地称为 chip rate），表示 CDMA 等系统的运行速率，通常在兆赫（MHz）范围内。另一方面，在计算机内部的总线或与显示器的连接中，所有数据都是通过移位寄存器以全数据速率传输的，其速率刚好在吉赫范围内。

因此，我们可以有把握地估计，至少有 100 亿条通信链路，运行时间至少为 1/100 亿秒（即约 3 年），每秒至少使用移位寄存器中的 10 亿个比特，也就是说，迄今为止，索尔的算法至少被使用了 10^{27}（octillion）次。

这真的是历史上使用最多的数学算法思想吗？我认为是的。我认为主要的潜在竞争者是算术运算。如今，处理器每秒的算术运算量可能达到 1 万亿次，计算机生成的几乎每一个比特都需要这种运算。但算术运算是如何完成的呢？从某种程度上来说，它只是人们一直以来所做的算术运算以数字电子化的形式实现而已。

不过，尽管没有被证实，但是对微处理器设计者来说，还是有一些"算法思想"上的小问题的。就像巴贝奇在制造差分机时一样，在做算术运算时，进位是一个大麻烦。（实际上，我们可以把线性反馈移位寄存器看作一个类似于算术的系统，只是它不需要进位。）有一种"进位传递树"（carry propagation tree）可以优化进位，还有一些小技巧（布思编码、华莱士树等）可以减少运算内部所需的比特运算次数。但与线性反馈移位寄存器不同的是，似乎没有一种算法思想能被普遍采用，因此我认为索尔的最大长度线性反馈移位寄存器序列思想仍有可能是最常用的。

元胞自动机和非线性移位寄存器

尽管一开始并不明显，但事实证明，反馈移位寄存器与我多年研究的元胞自动机之间有着非常密切的关系。反馈移位寄存器的基本设置是一次计算一个比特。而在元胞自动机中，有一排元胞，每一步都会基于一个规则并行更新所有的元胞，更新的规则取决于邻近元胞的值。

要了解这两者之间的关系，可以考虑运行一个大小为 n 的反馈移位寄存器，但每隔 n 步才显示一次寄存器的状态，换句话说，在再次显示之前，让所有的比特都被改写。如果显示线性反馈移位寄存器的每一步（这里是两个相邻的抽头），就像下面的左图一样，除了向左移动外，每一步都不会发生什么变化。但是，如果制作一张压缩图片，如下面的右图，只显示每 n 步的情况，就会出现一种模式。

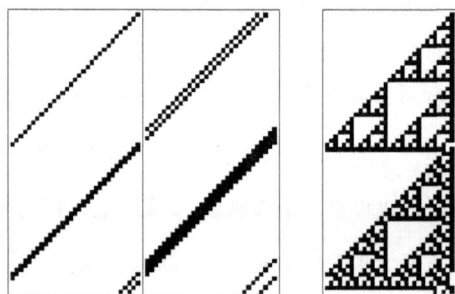

这是一个嵌套模式，它与元胞自动机的模式非常接近，元胞自动机对一个元胞与其相邻元胞做模 2 加法（或者说对其进行异或运算）。如果将元胞自动机的元胞排列成与上述移位寄存器大小相同的环形结构，就会出现下页上图的情况：

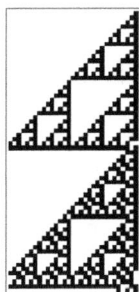

　　在一开始，元胞自动机和移位寄存器的模式是完全一样的，虽然当它们"碰到边缘"时会变得略有不同，因为边缘的处理方式不同。但看了这些图片，我们就不难理解移位寄存器的数学原理与元胞自动机的关系了。而且，看到嵌套模式的规律性，我们就更加清楚为什么移位寄存器的数学理论会如此优雅了。

　　不过，在实际使用中，典型的移位寄存器往往不会出现如此明显的规律模式。下面是几个移位寄存器产生最大长度序列的例子。在做数学运算时，就像索尔所做的那样，情况与明显嵌套的情况基本相同。但在这里，由于抽头之间相距甚远，所以会出现混淆，没有明显的视觉线索表明嵌套。

那么，移位寄存器和元胞自动机之间的对应关系有多广泛呢？在元胞自动机中，生成新元胞值的规则可以是任意需要的。然而，在线性反馈移位寄存器中，它们总是必须基于模 2 加法（异或）。这就是"线性反馈移位寄存器"中"线性"一词的含义。原则上，非线性反馈移位寄存器（NFSR）也可以使用任意规则来组合数值。

事实上，索尔在研究出线性反馈移位寄存器的理论后，就开始研究非线性的情况了。1956 年，当他来到喷气推进实验室时，他有了一间真正的实验室，里面装备了一排排小型电子模块。索尔告诉我，每个模块都只有烟盒大小，而且都是根据贝尔实验室的设计制造的，可以执行特定的逻辑运算（AND，OR，NOT……）。这些模块可以串联起来，实现人们想要的任何非线性反馈移位寄存器，而且运行速度非常快，每秒可产生约 100 万比特。（索尔告诉我，有人曾尝试用通用计算机做同样的事情，结果用定制的硬件模块只需要 1 秒钟，而通用计算机却需要 6 周。）

当索尔研究线性反馈移位寄存器时，他设法理解的第一个大问题就是它们的重复周期。对于非线性移位寄存器，他也花了很大精力去理解同样的问题。他还收集了各种实验数据。他告诉我，他甚至测试了长度为 2^{45} 的序列——这肯定得花一年的时间。他做了总结，就像下页图这个（注意序列的可视化，显示为类似示波器的轨迹）。但是，他从来没能像研究线性反馈移位寄存器那样，提出任何一种通用的理论。

146　CHAPTER VI. NONLINEAR SHIFT REGISTER SEQUENCES

Section 4.5 gives all the cycle lengths for degree $n = 7$ for each of the 30 distinct tap combinations. A representative vector from each cycle is included. Note that all short cycle lengths (from 1 to 20) occur in Table VI-18 except lengths 2 and 7. Cycle length 2 is impossible whenever Logic I is used; cycle length 7 is excluded because 7 is the register length in the cases tested.

3.3. *Nonlinear Logic II*

Another nonlinear logic used in the test program was

$$1 \oplus w \oplus y \oplus z \oplus xy \oplus yz . \qquad (4)$$

henceforth called Logic II, which has the truth table shown in Table VI-12.

Theorems 1, 2, 5, and 7 of Section 2 are again applicable. Now, however, $2^n - 2$ is an upper bound on the sequence length obtainable, since there must be an even number of cycles (which rules out 2^n as a possible length), and neither $00\ldots0$ nor $11\ldots1$ will form a single-element cycle.

The symmetry between y and z, which was observed to hold for Logic I, is no longer present when Logic II is used. However, the

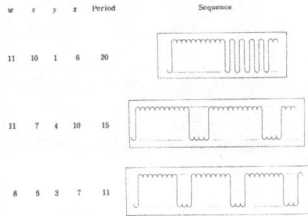

4. TABULATION OF EXPERIMENTAL DATA　147

operation of replacing x, y, and z by $n - x$, $n - y$, and $n - z$, respectively, still preserves cycle lengths.

As for Logic I, it is not difficult to specify the shortest cycle lengths obtainable from Logic II, where the *all 1's* vector has been used as the starting point. It is also possible to describe tap combinations yielding these shortest cycles.

If n is even, a cycle of length $(3n/2) - 1$ is obtained by letting $w = n$, $x = (n/2) + 1$, $y = (n/2) - 1$, and $z = n - 1$. If n is odd, a cycle of length $(3/2)(n - 1)$ is obtained by letting $w = n$, $x = (1/2)(n + 3)$, $y = (1/2)(n - 3)$, and $z = n - 1$. A "next-shortest" cycle for n odd, of length $2n - 2$, is obtained by letting $w = n$, $x = n - 1$, $y = 1$, and $z = (1/2)(n + 1)$. These three situations are illustrated in Figure VI-14. Section 4.6 shows the set of periods obtained using Logic II with $n = 8$, and Section 4.7 shows the periods with $n = 11$. The starting vector in both cases was the *all 1's* vector. The data are presented in several forms (Tables VI-19 and VI-20, Figs. VI-19 and VI-20), as was done for Logic I.

4. TABULATION OF EXPERIMENTAL DATA

4.1. *Distribution of periods for Logic I and $n = 11$*

This section shows the periods obtained for $n = 11$, using Logic I, the initial state *all 1's*, and all possible tap combinations for x, y, and z. The periods are presented in numerical order in Table VI-13, and their distribution is portrayed in a histogram (Fig. VI-15).

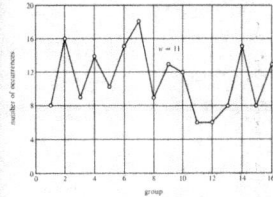

w	x	y	z	Period	Sequence
11	10	1	6	20	
11	7	10		15	
8	5	3	7	11	

Fig. VI-14. Three short cycles obtained using Logic II.

Fig. VI-15. Distribution of periods into sixteenths of the interval from 1 to 2^{11} (Logic I, $n = 11$).

他没有为非线性移位寄存器提出通用理论，这并不奇怪。因为当我们研究非线性反馈移位寄存器时，实际上是在对可能的简单程序的计算宇宙的整体丰富性进行采样。早在 20 世纪 50 年代，主要是基于图灵的通用计算思想，就已经有了关于程序原则上能做什么的理论成果。但我认为索尔或其他任何人都没有想到，这些结果会适用于非线性反馈移位寄存器中非常简单的非线性函数。

最后，直到有了我 1981 年左右的工作，我才清楚地认识到，即使是非常简单的程序，其行为也可能非常复杂。我最喜欢的例子是规则 30，在这个元胞自动机中，相邻元胞的值通过一个函数组合起来，这个函数可以表示为 $p + q + r + qr \bmod 2$，或 $p\ \text{XOR}\ (q\ \text{OR}\ r)$。

令人惊奇的是，索尔研究的非线性反馈移位寄存器也是基于极其相似的函数的，如 1959 年的 $p + r + s + qr + qs + rs \bmod 2$。下面是索尔的函数（可视为"规则 29070"）、规则 30 和其他一些类似规则在移位寄存器中的样子：

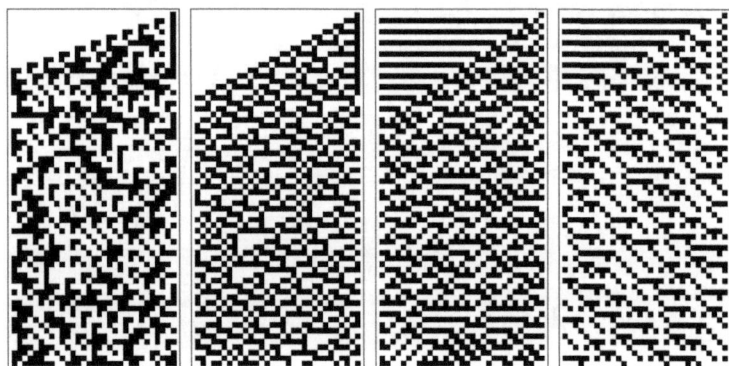

| 索尔的规则 | 规则 30 | 规则 45 | 规则 73 |

下面是它们作为元胞自动机的样子，不受限于固定大小的寄存器：

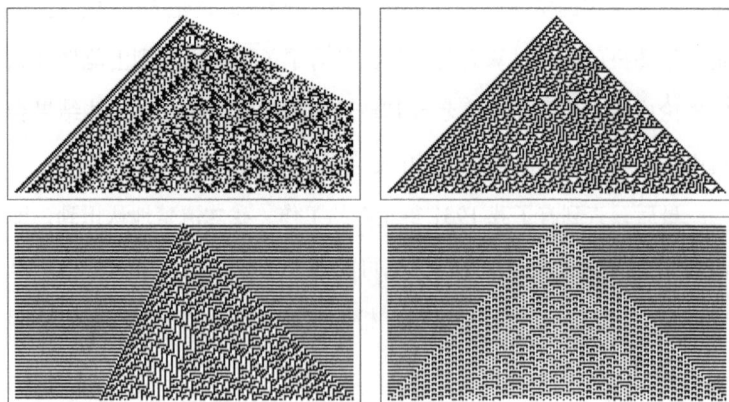

当然，索尔从未制作过这样的图片（而且，从现实的角度来看，在 20 世纪 50 年代几乎不可能这样做）。相反，他专注于一种聚合特征——整体重复周期。

索尔想知道，非线性反馈移位寄存器是否有可能成为随机性的良好来源。根据我们现在对元胞自动机的了解，它们显然可以。例如，25 年来，我们一直用规则 30 这一元胞自动机来为 Mathematica 生成随机性（不过，最近我们放弃了这一规则，转而使用一个更有效的规则，这个规则是我们通过搜索数万亿种可能发现的）。

我怀疑索尔在密码学方面为政府做了不少工作，但他对此谈得并不多。不过他确实告诉我，1959 年他发现了一种"对非线性序列的多维相关攻击"，但他说当时他"小心翼翼地回避了这是应用于密码分析的"。事实上，像规则 30 这样的元胞自动机（大概也包括非线性反馈移位寄存器）似乎确实是很好的密码系统，然而部分出于人们对它们是否等同于线性反馈移位寄存器产生了困惑（其实它们并不等同），它们从未被充分使用。

作为一个历史爱好者，在过去几十年里，我一直试图找出自己在一维元胞自动机方面的工作上的所有前辈。人们对二维元胞自动机进行了一些研究，但对一维元胞自动机只进行了相当理论性的研究，以及一些密码学界的具体研究（我从未完全了解过这些研究）。最后，在我所见过的所有东西中，我认为索尔·戈洛姆的非线性反馈移位寄存器在某种意义上最接近我在 25 年后实际所做的工作。

多格骨牌

提到戈洛姆这个名字，有些人会想到移位寄存器，但更多的人会想到多格骨牌。索尔并没有发明多格骨牌，虽然他确实发明了这个名字。他所做的，是将以前只出现在孤立的谜题中的东西系统化。

索尔感兴趣的主要问题是，如何以及何时可以将多格骨牌集合排列成特定的（有限或无限）区域。有时，这个问题的答案非常明显，但通常情况下却很难弄明白。索尔于 1954 年发表了他第一篇关于多格骨牌的论文，但真正让多格骨牌进入公众视野的是马丁·加德纳（Martin Gardner）于 1957 年在《科学美国人》（Scientific American）上发表的关于多格骨牌的数学游戏专栏。正如索尔在其 1964 年著作的序言中解释的那样，这使他"源源不断地收到世界各地和社会各个阶层的来信，包括一流大学的董事会主席、默默无闻的修道院修士、知名监狱的囚犯……"。

游戏公司也注意到了这一点，例如，在几个月内就出现了"全新的耸人听闻的厄运智力拼图游戏"（New Sensational Jinx Jigsaw Puzzle），随后几十年间又出现了其他一系列基于多格骨牌的拼图和游戏（不，那个阴险的光头看起来一点也不像索尔）：

索尔在首次讨论多格骨牌 50 年后，仍在发表有关的论文。1961年，他提出了一般可细分的"重复镶嵌"（rep-tile），后来人们发现这种镶嵌可以生成嵌套的分形（"无穷镶嵌"，infin-tile）图案。但是，索尔在多格骨牌方面所做的几乎所有的工作都是为了解决具体的镶嵌问题。

对我来说，多格骨牌最有趣的地方不在于它们的具体形状，而在于它们为更普遍的现象提供了范例。人们可能会认为，只要给出几个简单的图形，就很容易判断它们是否能铺满整个平面。但是，多格骨牌的例子以及它们所支持的所有游戏和谜题，让我们清楚地认识到，这并不一定那么容易。事实上，20 世纪 60 年代就有人证明，一般来说，这是一个理论上无法判定的问题。

如果我们只对一个有限的区域感兴趣，那么原则上我们可以列举出所有可以想象到的原始形状的排列方式，然后看看其中是否有任何一种排列方式对应成功的镶嵌。但是，如果我们对整个无限平面感兴趣，我们就不能这样做了。也许我们能找到大小为 100 万的镶嵌，但我们并不能保证这种镶嵌能延伸到多大范围。

原来，它可以像运行图灵机或元胞自动机一样。你从一行形状开始，那么，"是否存在无限镶嵌"的问题就等同于"是否存在某种图灵机的设置能让它永不停机"的问题。问题的关键就在于，如果图灵机是通用的（进而它实际上可以通过编程完成任何可能的计算），那么它的停机问题就可能是不可判定的，这就意味着镶嵌问题也是不可判定的。

当然，镶嵌问题是否不可判定取决于原始的形状集。对我来说，一个重要的问题是，形状需要复杂到什么程度才能对通用计算进行编码，并产生一个不可判定的镶嵌问题。索尔对这类问题的文献了如指掌，但并不特别感兴趣。但我开始思考由多格骨牌形成的材料，这些材料的"结晶"（crystallization）模式实际上可以进行任意计算，或者出现在一个看似"随机"的"熔点"上，因为其值是不可判定的。

众所周知，复杂而精心制作的多格骨牌集实际上是支持通用计算的。但是，最简单的集合是什么样的呢？它是否足够简单，以至于有可能偶然被发现呢？我的猜测是，就像我在计算宇宙中研究过的其他类型的系统一样，最简单的集合其实很简单，但要找到它却非常困难。

另一个容易得多的问题是找到能成功镶嵌平面，但不能周期性镶嵌的多格骨牌。罗杰·彭罗斯（Roger Penrose，彭罗斯镶嵌的发现人）在 1994 年找到了一个例子。我在《一种新科学》一书中举了一个稍微简单一些的例子，使用了 3 个多格骨牌：

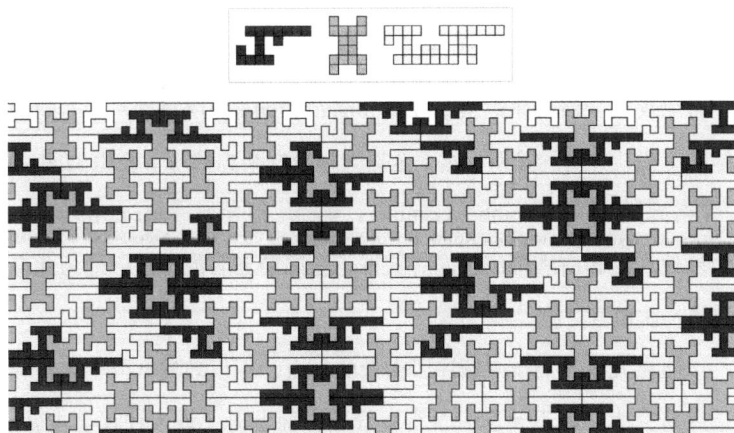

故事的其余部分

到索尔 30 岁出头的时候，他已经确立了自己最重要的两个追求——移位寄存器和多格骨牌，并开始了大学教授的生活。不过，他一直很活跃。他写了几百篇论文，有些来自他早期工作的延伸，有些来自受人们提问而激发出的灵感，还有些似乎纯粹是为了探索数字、序列、密码系统或其他有趣的事情而写的。

移位寄存器和多格骨牌都是很大的主题（在美国数学学会的数学出版物主题分类中，它们甚至都有各自的类别）。在过去的一二十年里，随着现代计算机实验开始对它们进行研究，这两个领域都被注入了一定的活力，而且索尔还与从事这些研究的人进行了合作。但这两个领域仍有许多未解之谜。即使对于线性反馈移位寄存器，仍然可以找到更大的阿达马矩阵（Hadamard matrix）。而对于非线性反馈移位寄存器，人们现在也知之甚少。更不用说所有关于非周期性和其他奇特的多格骨牌镶嵌的问题了。

索尔对谜题一直都很感兴趣，无论是数学谜题还是文字谜题。他曾为美国《洛杉矶时报》（*Los Angeles Times*）撰写过一段时间的谜题专栏，并为约翰斯·霍普金斯大学校友杂志撰写了长达 32 年的"戈洛姆挑战"（Golomb's Gambits）专栏。他参加过 Mega IQ 测试，结果他和美国白宫幕僚长同时获得了全国前五名的成绩，他为此赢得了一次白宫之旅。

他在大学的工作中倾注了大量的心血，不仅教授本科生课程和指导研究生，还不断在大学行政管理方面晋升（教授评议会主席、主管研究的副教务长等），偶尔也会就大学管理发表一些更广泛的意见。例如，他曾撰写过一篇题为《应该限制教员提供咨询服务吗？》（"Faculty Consulting: Should It Be Curtailed?"）的文章，答案是：不应该限制，因为这对大学有好处！在南加利福尼亚大学，他主要负责招生工作，任职期间，他帮助学校从在电气工程领域默默无闻一路跻身一流大学的行列。

然后就有了咨询工作。他很谨慎，从不透露他为政府机构做了什么，不过有一次他感叹，一些新发表的作品被他 40 年前写的一篇机密文件所预测到了。20 世纪 60 年代末，索尔创办了一家名为 Recreational Technology 的公司。这家公司发展得并不顺利，但这让他与埃尔温·伯利坎普（Elwyn Berlekamp）有了业务往来，伯利坎普是加州大学伯克利分校的一位教授，同时也是编码理论和谜题的爱好者。索尔说服伯利坎普创办了一家名为 Cyclotomics [为了纪念形式为 x^n-1 的分圆多项式（cyclotomic polynomial）] 的公司，这家公司最终以可观的价格被卖给了柯达（Kodak）公司。伯利坎普还创建了一套算法交易系统，并将其卖给了吉姆·西蒙斯（Jim Simons），这套系统成为 Renaissance Technologies 公司的起点，该公司现已成为全球最大的对冲基金公司之一。

有超过一万项的专利引用了索尔的工作，但索尔本人只获得了一项专利——基于准群的密码系统，而且我认为他并没有直接将自己的工作商业化。

索尔在以色列理工学院（Technion）工作多年，对以色列相当热爱。他把自己描述为一个"不守规矩的正统犹太人"，但偶尔也会做一些事情，比如主持一年级新生关于《圣经·创世记》的研讨会，以及破译《死海古卷》（*Dead Sea Scrolls*）的部分内容。

索尔和妻子四处旅行，但索尔的生活中心无疑是美国洛杉矶，那里有他在南加利福尼亚大学的办公室，以及他和妻子居住了近 60 年的房子。他有一群朋友和学生，他们在很多事情上都依赖他。他还有家人。他的女儿阿斯特丽德一直是当地的名人，甚至被文艺作品描写过几次———一出关于理查德·费曼的戏剧中的学生（她曾多次担任费曼的绘画模特），以及我一位朋友的小说中的人物。比阿特丽斯后来成为一名临床/科研双学位医学博士，她在职业生涯中几乎始终以数学般的精确度来进行各种医学推理和诊断（海湾战争综合征、他汀类药物的作用、呃逆等），尽管她经常引用"比阿特丽斯定律"，即"即使考虑到比阿特丽斯定律，生物学中的一切都比你想象的更复杂"。[我很高兴至少为比阿特丽斯的生活做出了一项贡献：把她介绍给她的丈夫，现在已经和她结婚 26 年的特里·塞诺夫斯基（Terry Sejnowski）。他是现代计算神经科学的创始人之一。]

在我认识索尔的那些年里，他身上总是散发着一种安静的能量。他似乎参与了很多事情，尽管他往往不太愿意透露细节。我偶尔会和他谈一些真正的科学和数学问题，但他通常更喜欢讲一些关于人物和组织的故事（往往非常吸引人）："你能相信（1985 年）克劳德·香农在多年没有参加会议之后，突然出现在信息论年会的酒吧里吗？""你知道为了让加州理工学院的校长搬到沙特阿拉伯，他们不得不付给他多少钱吗？"等等。

现在回想起来，我希望自己能多做一些事情，让索尔对我在工作中提出的数学问题产生兴趣。我不认为自己正确理解了他喜欢破解别人提出的问题的程度。还有关于计算机的问题。尽管索尔对计算世界的基础设施做出了巨大贡献，但他本人基本上从未认真使用过计算机。他对自己的心算能力尤为自豪。尽管他确实有一部手机，但他直到 70 多岁才真正开始使用电子邮件，也从未在家里使用过计算机。（他的电子邮件通常很短。去年我曾提到我正在研究埃达·洛夫莱斯，他回复了我："埃达·洛夫莱斯是巴贝奇的程序员的说法流传甚广，每个人似乎都将其视为事实，但我从未见过这方面的原始资料。"）

　　几年前，索尔的女儿们为他举办了一次 80 岁生日派对，制作了一张具有数学特色的邀请函：

*For the celebration of the 80*th *birthday of*
Dr. Solomon Golomb,

__ *I will attend*
____ *people will come*
(please, no negative or irrational numbers)

__ *I will not attend*

所罗门·戈洛姆博士 80 岁生日派对

___ 本人参加

　　参加人数 ___（请勿填写负数或无理数）

___ 本人不参加

　　索尔有一些健康方面的问题，不过这些问题似乎并没有拖累他。然而，他妻子的健康状况却越来越差，几周前，她的病情突然恶化。索尔周五仍像往常一样去他的办公室，但在周六晚上，他在睡梦中去世了。两周后，也就是他们结婚 60 周年纪念日的前两天，他的妻子博也去世了。

　　虽然索尔本人已经离世，但他所做过的工作仍在继续，他为整个数字世界贡献了 10^{27} 个比特（并且还在不断增加）。永别了，索尔。我代表我们所有人，感谢你创造的那些聪明的比特。